NHK BOOKS
1290

意味の世界［改版］
――現代言語学から視る

ikegami yoshihiko
池上嘉彦

NHK出版

原著まえがき

言語に対する関心は、現代の一つの特徴と言える。どうしてそのように関心が持たれるようになったのであろうか。

日常生活のレベルでわれわれが持っている素朴な言語観は、言語とは伝達の手段であるということである。われわれの思ったり考えたりすることがまずあって、言語はそれを文字通り表（おもて）に現わすために、われわれが前もって使うことを義務づけられている道具にすぎない――こういったところが言語についてのごくふつうの見方である。

言語に対する現代的な関心は、このような手段、道具としての言語という見方を越えた認識が持たれるところから始まる。おそらく三つの面が考えられよう。まず第一に、言語は単にわれわれの思想、感情の表現の手段というようなものではなく、それを使う人たちの文化をその中に反映し、場合によっては、ある言語を使うということによってわれわれのものの見方なり思考なりが、その言語の構造に従ってある特定の方向へ規定づけられているのではないかということ。第二に、単なる手段として言語を眺めるということを止めて言語そのものの働きにもっと注目すれば、言語が意味を表わすのではなくて、むしろ意味が言語によって作り出されるというのが言語の本質であり、言語のこの創造的な機能は哲学的な思索や詩的な創作ばかりでなく、われわれの想像以上に広く言語活動のあらゆる分野に滲透《しんとう》しているということ。そして第三に、われわれは日常生活の面でも専門的な分野においても、あらゆる種類の記号にとりかこまれて生活しているけれども、これら言語以外の記号はすべて言語に基づき、それをモデルとして第二次的に成立しており、その意味ではあらゆる記号現象、記号体系の背後には言語が存在するということ、である。いずれをとってみても、言語はわれわれが気づいている以上に多く、かつ広い範囲でわれわれの生活にきわめて影響の多い形で介入していることは明らかであろう。確かにわれわれは言語を使っているのではあるが、同時にわれわれはいわば言語の中に住んでいるのである。

言語には音や文法といった側面もあるけれども、もっとも基本的なのは言うまでもなく意味の問題である。音や文法も究極的にはこの意味との関連で問題となる。このような言語の意味の問題は、別に言語学だけで扱われるわけではない。哲学（例えば、カルナップ『意味論序説』、オースティン『言語と行為』）やかつて「一般意味論」と称されたもの（例えば、S・I・ハヤカワ『思考と行動における言語』）でも言語の意味は重要な関心事である。しかし、同じように言語の意味に関心を持つと言っても、少しずつその関心の持ち方には差がある。

本書は言語学、とりわけ、その中の「意味論」（semantics）と呼ばれる分野の視点から言語の意味を眺めたものである。しかし、それは「意味論概説」でもないし、また「意味論入門」でもない。むしろ、そのさらに前の段階、つまり、言語学で意味論と呼ばれる分野で扱われるさまざまな問題が日常の言語生活でどのような形で現われているかということをできるだけ平易に語ってみるというのがその意図である。

内容的には、筆者がいくつかの大学で学部段階の特に専門としない学生を対象にこのテーマについて講義したことが本書の大部分を占めている。（ただし、本書では外国語の例はできるだけ少なく、それも原則として英語に限るようにしてある。）それまで断片的に感じていたことに整理の枠が与えられたというのが講義中や講義後、聴講した学生から筆者が得た印象であるが、逆に、彼ら、あるいは彼女たちの活発な反応から得たことも多い。しかし、興味ある資料の量という点から言えば、長女の晶子と次女の玲子の無邪気なお喋りがいちばんであったかも知れない。この二人も今では大きくなって、かつて程の楽しい資料提供もずっと少なくなってしまった。

本書の後、この分野についてもっとまとまった理解を持ちたい人は、まずウルマン『言語と意味』（大修館書店）あたりから始めるのがよいであろう。そしてその後、リーチ『現代意味論』（研究社出版）を経て、筆者の『意味論』（大修館書店）や、もっとも最近のものでは J. Lyons: *Semantics*（Cambridge University Press）あたりを御覧になれば、現在のこの分野についての学問的な考え方に一応通じることができよう。詳しい参考文献は、ウルマンの著書の訳や筆者の『意味論』についている。

このような書物を書くようになった直接のきっかけは、四年前「ＮＨＫ放送大学」の実験番組として「言語と思考」というシリーズが計画され、そのうちの「意味の世界」と「言語と文学」

というテーマでの放送に関係したことであった。このシリーズは後にまとめられて『言語・人間・文化』（滝田文彦編）と題して「NHK市民大学叢書31」として出版されたが、これとは別に意味に関することだけでまとめてみたらというお勧めを受けていたものである。いろいろな仕事の関係ですっかりのびのびになってしまっていたが、その間、数か月ごとに必ず電話を忘れないで、とうとう事をここまで運んで下さった編集部の大石陽次氏にはお礼の言いようもない。本書にはまた、かなりの数の挿絵が入っているが、これは高須賀優氏の手になるものである。あわせて心から御礼申し上げたい。

池上嘉彦

一九七八年十月

目次

第二章　意味の類似性　43

第三章　意味の曖昧さ　75

イラスト 高須賀優
校閲 河津香子

序章
二つの挿話

1 「青木屋」と「ブルー・ツリー」

もう何年も前、東京のその頃住んでいたところの近所で実際にあった話である。「青木屋」という一軒の店があって食料品、日用雑貨などを売っていたが、ある時この店からすぐ近くのかなり広い空地に何か大きな建物が立ち始めた。何になるのかと思っていたら、やがてどうやらスーパー・マーケットらしいということが分かって来た。ところがちょうどその頃から、「青木屋」というお店の方も改築を始めたのである。多分、スーパー・マーケット相手ではとても太刀打ちできないと思ったのであろう。何週間か後で改築が終り、そこに現われたのはもはやかつての食料品・日用雑貨店ではなくて、こぎれいな喫茶店であった。もちろん店の名前も変っていた。

「青木屋」の代りに、そこには洒落た字体で「ブルー・ツリー」と書かれていた。

この話には少しおかしいところがある。そして、すぐ分かるように、それは言葉の誤用ということと関係している。つまり、「ブルー・ツリー」という名前はもちろん英語の'Blue Tree'というこのつもりであろうが、英語のこの表現は〈葉があおあおと繁った木〉という意味にはならず、例えば何かサイケデリックな舞台装置の一部としてペンキで文字通り「青く」(「緑」でなく)塗った木といったようなものを想像させるのである。

どうしてこのような間違いが起こったのか。「青木屋」の主人の立場になって考えてみれば、せっかく欧米風の喫茶店にしたのに「青木屋」という名前では恰好がつかない。そこでこれを外来語にするという考えを思いつき、「アオ」をblueに、「キ」をtreeに置きかえてみたわけである。しかし、残念なことに日本語の「アオ」は英語のblueと意味的に正確に一対一に対応するのではなく、そのために置きかえによって作られた英語の表現は英語としては意味的に大変奇妙なものになってしまったのである。

非常におおざっぱに示すと、日本語の「アオ」と「ミドリ」、英語のblueとgreenの関係は次頁の図のように表わすことができる。日本語でも英語でも二つの色の名称はその適用範囲に関してそれぞれ重複する部分があるが、日本語では英語の対応する場合よりも「アオ」の範囲がずっと深く「ミドリ」の領域に入り込んでいる。図で(イ)という点をとってみると、ここでは日本語で

「アオ」と言い、英語でもblueとしか言わない（例えば、「アオイ空」――blue sky）。これに対し、(ロ)という点では日本語では「アオ」と「ミドリ」、英語ではblueとgreenというそれぞれ二通りずつの言い方が可能な場合である（例えば、「アオイ海」と「ミドリノ海」――blue seaとgreen sea）。(ハ)という点では日本語では「アオ」と「ミドリ」の二通りの言い方が可能であるが、英語ではgreenしか使えない場合である（例えば、「アオイ草木」と「ミドリノ草木」――green vegetation）。最後に、(ニ)は日本語の「ミドリ」と英語のgreenがそれぞれ可能な一つの言い方として対応する場合である（例えば、緑化運動の「ミドリノ羽」――green feather）。

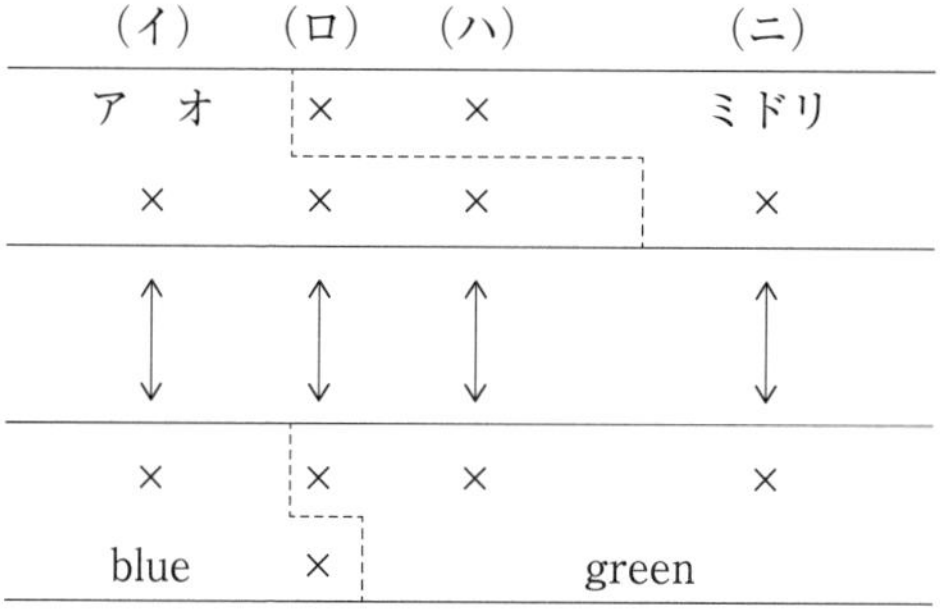

歴史的に言うと、日本語でも古い時代には「アオ」という言葉が現在ならば「ミドリ」と言うところを広く覆っていた。万葉集の中には「ミドリ」という語の用例はわずか三例しかないそうである。現在「青物」、「青葉」、「青田」、「青柳」、「青蛙」など、一定の言い方に見られる〈緑〉を意味する「アオ」は、そういった古い時代の用法のいわば名残りのようなものである。「アオ」という語から連想される普通の色合いと実際に指されているものの色との間にずれがあるという意識が強くなると、「アオ」を「ミドリ」で置きかえるということが起こってくる。交通信号の〈進

め〉は伝統的には「アオ」であったが、ある時期から「ミドリ」という言葉で指すことが公的に決められたことがある。その少し前のある新聞の投書欄に、「本当の色は〈緑〉なのにどうして『青信号』と言うの」と子供から聞かれて困ったという一人の母親からの投書がのっていた。英語では「青信号」は'green light'である。

2 「借リル」と「貸ス」

もう一つの話——今度の舞台は一九六〇年代の初め、アメリカのある大学町である。夏期だけの講習に来ていた一人の日本人の留学生が、最後にレポートをタイプで打って出さなければならなかった。本人はタイプライターを持って来ていなかったが、大学近辺のタイプライター店へ行けば借りられるということであったので、彼は近所の店へ出かけて行き、店の主人がいたので次のように聞いてみた——'Can I borrow a typewriter here?' ところが主人の方は驚いたような顔をして答えない。そこでもう一度同じ質問を繰返してみた。しかし、主人はますます奇妙な顔をして答えない。日本人の学生はきっと自分の発音が悪くてよく通じないのだろうと思い、もう一度、ゆっくりと、できるだけよい発音のつもりで同じ問いを繰返した——'CAN I BORROW A

TYPEWRITER HERE?' それでも主人はすぐには答えなかったが、少し間をおいてやっと次のように言った――'You mean ―RENT a typewriter?' 〈つまり、タイプライターを'rent'したいということだね〉。

すぐ分かるように、ここでもやはり間違いのもととなったのは、貸借関係を表わす言葉が日本語と英語で意味的に一対一に対応していないということである。

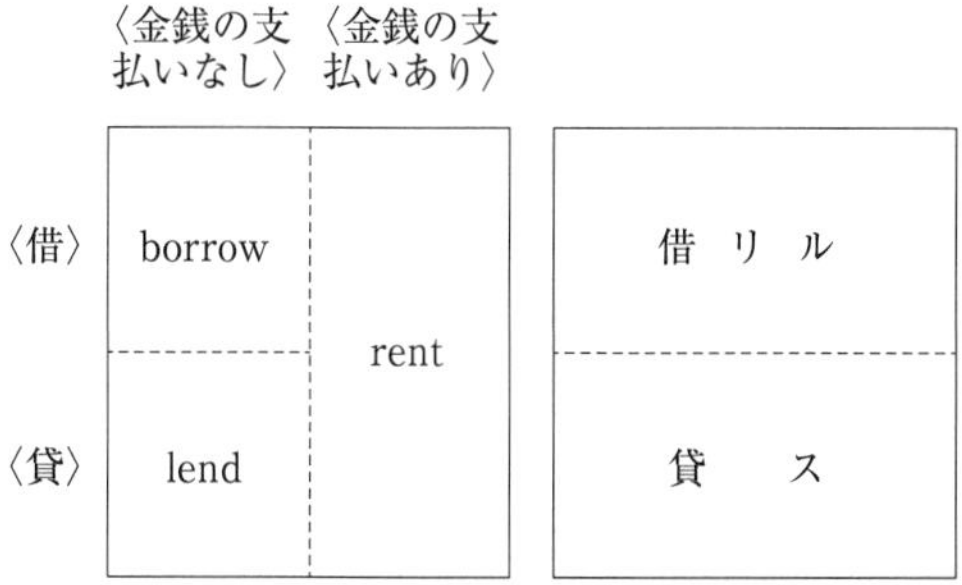

日本人の学生の使ったborrowという言葉は英語では〈（ただで）借りる〉という意味であり、道理でタイプライター店の主人は奇妙な顔をしたわけである。正しくはもちろん、'Can I rent a typewriter here?' と言うべきところであったのである。

先程の場合と同じように直接関係のある語だけについて図で示してみると、上の図のようになる。日本語の「借リル」、「貸ス」という二語に対して、英語の方は同じ範囲の意味を表わすのに少なくとも三つの語が用いられる。そのうち、borrowとlendは金銭の支払いを伴なわない形での〈借りる〉と〈貸す〉をそれぞれ表わす。それに対し、金銭の支払いを伴なう場合はborrowやlendではなくてrentという語が用いられる。したがって、例えば友達からちょっとノートを借りるのはborrowであるが、旅先などでレンタカー

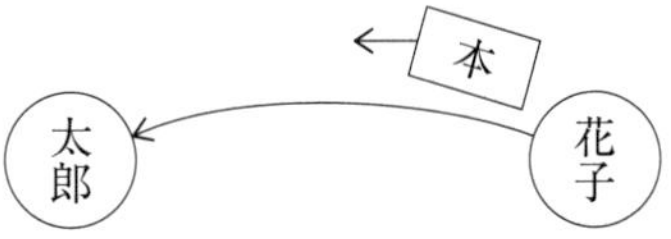

（a）太郎ガ花子ニ本ヲ借リル
（本ガ花子カラ太郎ニ来ル）
（b）花子ガ太郎ニ本ヲ貸ス
（本ガ花子カラ太郎ニ行ク）

を借りるのは rent である。日本語の「借リル」と「貸ス」の場合は金銭の支払いが伴なうかどうかということは関係ない。先程の日本人の留学生はその日本語の習慣をそのまま英語に持ち込んでしまったために失敗したわけである。

ところで、前頁の図で英語の rent という語の占めている位置に注意してみると、この語の意味には少し変ったところがあることに気づく。つまり、金銭の支払いということが伴なっている限り、この語は〈借りる〉という意味にも〈貸す〉という意味にも用いられるということである。I rented a car という文は〈私は車を（代金を支払って）借りた〉とも〈私は車を（代金を支払わせて）貸した〉ともとれる。もちろん、実際に用いられる場合は、コンテクストによってどちらの意味であるかが分かるのが普通である。例えば I rented a car from him なら〈（彼から）借りた〉の方であるし、I rented a car to him なら〈（彼に）貸した〉の方である。さらに具体的な場面が加われば曖昧さの可能性はさらに少なくなる。しかし、それにしても、〈借りる〉と〈貸す〉とでは便宜を与える場合と与えられる場合というふうに言わば反対の意味であり、そのように違った意味が同じ語で表わされるのは一見大変奇妙なように思える。

この反対の意味であるということを明らかにするために〈借りる〉と〈貸す〉の関係を図示し

てみると、右図のようになる。この図に表わされている出来事は、言語的には借り手の太郎を主題として表現するか、貸し手の花子を主題として表現するかによって二通り（つまり、(a)と(b)）に表わすことができる。いま本の移動ということに注目して考えるならば、「太郎ガ花子ニ本ヲ借リル」は言わば〈本が太郎に来る〉ということであり、一方「花子ガ太郎ニ本ヲ貸ス」というのは〈本が花子から行く〉ということである。このことから、〈借りる〉と〈貸す〉の対立は〈来る〉と〈行く〉の対立と関係のあることが分かる。

「借リル」と「貸ス」と同じ関係は「買ウ」と「売ル」の間にも見られる。売買の対象が切符だとすると、今度は切符が買手の方へ〈来る〉と捉えられたり、売手の方から〈行く〉と捉えられたりするわけである（上図の上の図参照）。ただ、切符と反対の方向にお金が移動するという点が違うだけである。

「習ウ」と「教エル」の関係もこれと基本的には同じである。この場合は知識や情報が教える方から習う方へと移動するわけである（上図の下の図参照）。しかし、先

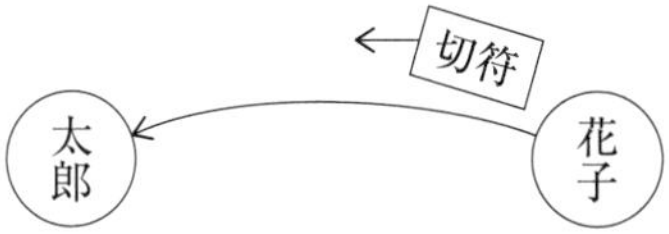

(a) 太郎ガ花子カラ切符ヲ買ウ
（切符ガ花子カラ太郎ニ来ル）
(b) 花子ガ太郎ニ切符ヲ売ル
（切符ガ花子カラ太郎ニ行ク）

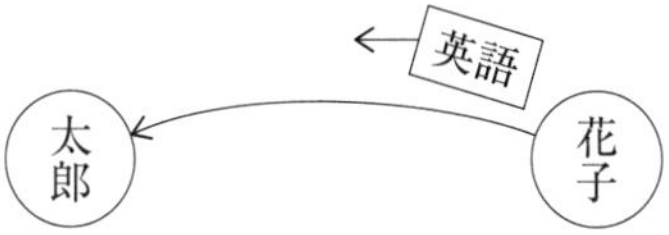

(a) 太郎ガ花子カラ英語ヲ習ウ
（英語ガ花子カラ太郎ニ来ル）
(b) 花子ガ太郎ニ英語ヲ教エル
（英語ガ花子カラ太郎ニ行ク）

程の「借リル」と「貸ス」、「買ウ」と「売ル」の場合といくらか違う点もある。一つは、今度の場合は移動するものが抽象的で目に見えないということ、もう一つは、移動したからといって教えた方はそれを失なうというわけではないということである。（例えば、花子は太郎に英語を教えたからといって英語を忘れるわけではない。）しかし、形式的には何かが習う方へ〈来る〉、あるいは教える方から〈行く〉という対立に基づいていることは明らかであろう。

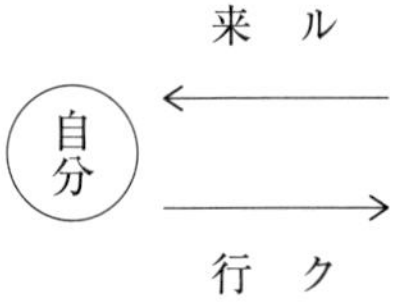

ところで〈来る〉と〈行く〉の違いは、非常におおざっぱに言うと、〈自分〉の方へ向っての移動であれば〈来る〉であり、〈自分〉から離れた方向へ向っての移動であれば〈行く〉である（右図）。例えば「私ノイル所へ」なら「来ル」であるし、「私ノイル所カラ」なら「行ク」を使うのがそれぞれ原則である。つまり、〈自分〉の位置づけられている場所（物理的に位置づけられている場合もあるし、心理的に位置づけられているだけのこともある）との関連で言うなら、〈来る〉と〈行く〉は逆方向の移動を表わすわけである。

ここでもう一度英語の rent という語の意味に戻ろう。〈借りる〉と〈貸す〉ということはすでに見た通り〈来る〉と〈行く〉の関係に還元できるし、〈来る〉と〈行く〉は〈自分〉との関連では方向の正反対の移動を表わしている。ところが、rent はこのいわば正反対の意味をどちらも表わしうるわけである。その上、実際の生活の上でも〈借りる〉と〈貸す〉とでは当人の置かれる状況は大変違ったものになるから、そのように違った二つの場合のいずれにも用いられる語は確かに一見奇妙に思える。

しかし、実は日本語にもそれと同じように、同一語が一見正反対の方向への移動を表わしうるということがないわけでもないのである。敬語にはそのような語がいくつかある。例えば「賜ワル」という語がそうである。「議会ガ天皇カラ勅語ヲ賜ワル」とは〈議会が天皇から勅語を貰う〉ということであるし、一方、「天皇ガ議会ニ勅語ヲ賜ワル」は〈天皇が議会に勅語を与える〉ということである。したがって「賜ワル」は〈貰う〉の意味にも〈与える〉の意味にも用いられており、〈貰う〉と〈与える〉は基本的には〈来る〉と〈行く〉の対立に還元できる。

「参ル」という語にも同じようなことが認められる。現在の敬語的な使い方のもととなっている少し古い言い方で考えると、殿様が家来に向って「参レ」と言う場合には〈(自分の方へ)来る〉ことを命じていることも〈(自分の所から)行く〉ことを命じていることもありうる。現在敬語としてごく普通に使われる「イラッシャル」という表現も、「参ル」と同じように自分に関して正反対の移動をどちらも表

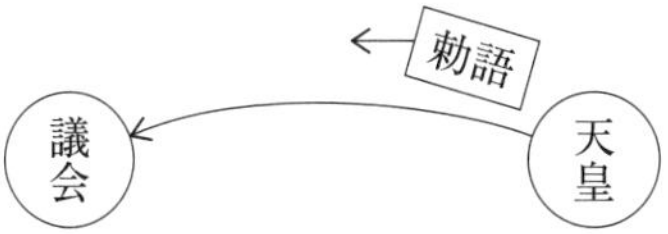

(a) 議会ガ天皇カラ勅語ヲ賜ワル
(勅語ガ天皇カラ議会ニ来ル)
(b) 天皇ガ議会ニ勅語ヲ賜ワル
(勅語ガ天皇カラ議会ニ行ク)

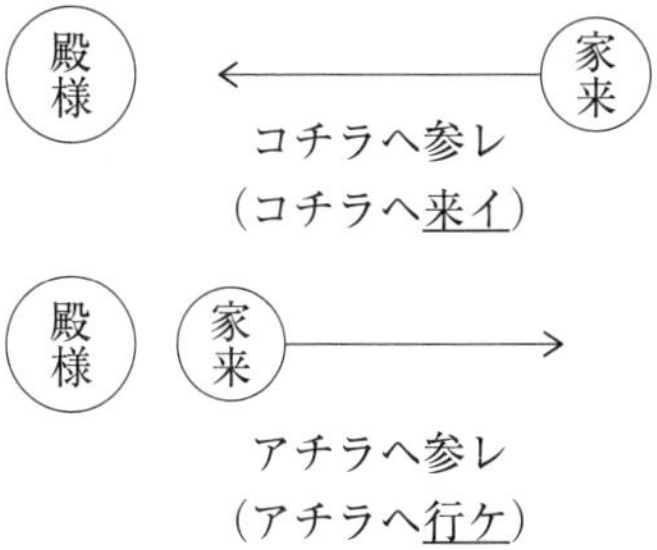

わすことができる。

われわれは日常の言葉使いでは、「参ル」や「イラッシャル」が〈来る〉と〈行く〉という二つの場合を区別しないで用いられるというようなことにはふつう気づかない。しかし、一方外国語で同じような場合に出会うと、大変気になるものである。母国語を使うということはあまりにも自然に身についてしまった習慣であるがために、われわれは何か特別な機会でもない限り特に言葉そのものに対して注意を向けるということをしない。しかし習熟していない外国語はわれわれにとっていわば注意して使用すべき道具のようなものである。それに対してはわれわれは当然意識的にならざるを得ないし、またそこにわれわれが母国語として身につけているものとくい違うような点を見出すと、しばしば過度に異質的なものと思いがちなのである。

第一章
言葉ともの

1　言葉の意味と指されるもの

新しくできた高層アパートにはいろいろな外国語名が出てくる。「マンション」はその一番最初に、そしてまた一番広く見かけられるものであるが、その他にも、「ハイム」、「カーサ」、「パビヨン」、「ヴィラ」、「レジデンス」、「アビタシオン」、「ドルフ」などさまざまな名前が出てくる。すべて外国語からの借入であるが、もとの言語の種類から言っても、英語（mansion, villa, residence)、フランス語（pavillon, villa, résidence, habitation)、ドイツ語（Heim, Dorf)、スペイン語（casa）などおよそさまざまである。このような、場合によってはあまり馴じみのない名称が好んで選ばれる心理は誰にもよく分かる。つまり、伝統的にこの種のものに対する名前であった

「アパート」という語はすっかり日常的なものとなり、あまり魅力のあるものを暗示しなくなったために、何かそれに代るものが必要になったわけである。そのためには、あまり耳慣れない何か日常からかけ離れたものを暗示するような語が都合がよいのである。しかし、伝統的な「アパート」という名称はいつもどちらかと言うとあまり見栄えのしないものにつけられ、一方例えば「マンション」という名称は常に高級なものにのみ与えられているというのであれば、それはそれなりでよいのであるが、問題は「マンション」などといった名称があまりそれほどでもないようなものに対してつけられている場合に起こる。例えば、ある人が「マンション」という名称にひかれて部屋の契約をしてしまったところが、実際に見てみると「アパート」と呼んでおいても十分な程度のものであったというような場合である。

このような場合は、一般的に言うと、語の「意味」は語によって指されるもの（「指示物」(referent)という術語を使うのがふつうである）とは別の次元に属するという重要な原則に関係する。ここで言う語の「意味」とは、その語をどのような範囲のものに対して用いるかということに関しての社会的な決まりである。これはちょうど、ある道具はどういう場合に用いるとか、ある礼儀作法をどういう場合に行なうとかといったことが社会として決まっているのと同じことである。同じようにものを切る道具であっても、のこぎりとほうちょうとでは用いられる場合が明らかに違う。同じように相手に対する礼儀作法であっても、会釈ですます場合と最敬礼をする場合とはもちろん同じではない。それと同様に、「アパート」という語をどういう場合に使うか、

「マンション」という語をどういう場合に使うか、ということに関しても社会習慣的な区別があるわけで、それが「アパート」なり「マンション」なりといった語の「意味」である。語はその「意味」に従って用いられるのが原則である。もちろんそういった社会的なルールがなければ、言語は伝達の手段として十分な役割を果し得ないからである。「アパート」という語が「アパート」という語の意味に従って、「マンション」という語が「マンション」という語の意味に従って、それぞれ用いられている限りは問題ない。(上の図で実線の矢印で示してある場合である。)しかし、言語の話し手は語をその意味に従わないで用いる自由も有している。例えば「マンション」という語を本来ならば「アパート」という語を使うべきところに用いるというような場合(図の点線の矢印で示したような場合)である。いわゆる「嘘」と呼ばれる現象は、すべてこの種の言葉使いに基づいて成り立っている。

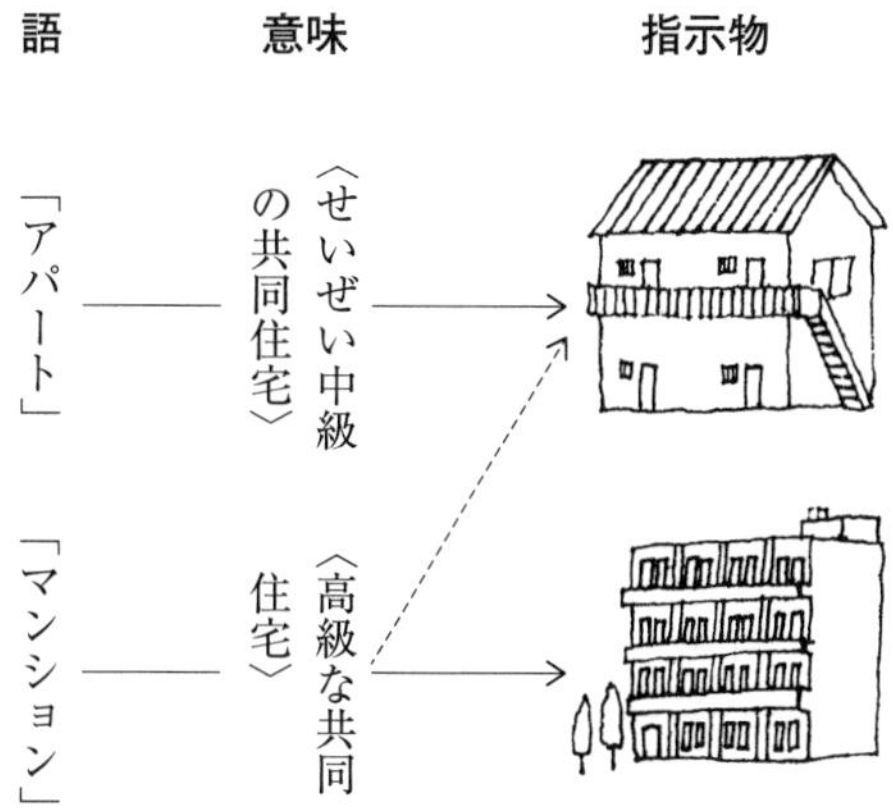

一方では語はその意味に従って用いられるのが原則であること、そしてまた他方では、われわれ言葉の話し手は言葉によって指されているものが眼の前になくとも、言葉を操ることによって十分意図する伝達を果しうるということ

があるがために、われわれには言葉によって意味されている通りのものが存在しているかどうか、いちいち必ずしも確かめてみないという習慣が身についてしまっている。そのため、「マンション」と呼ばれていればその名にふさわしい（つまり、その語の意味にかなった）ものが存在しているはずだと思い込む。これを逆に利用すれば、たいして立派でもない住宅でもそれを「マンション」とさえ名づけておけば、聞いた人は実際以上によいものがあると想像するかも知れない。名前が日常生活に馴じみの薄い外来語で何となく立派そうに聞えるものであれば、それはそれだけよいわけである。しかし、何度も繰返されればそのようなからくりもだんだん知られて効果がなくなってくる。（つまり、前頁の図の点線の矢印が実線になる。）「マンション」という語についてそのようなトリックが働きにくくなったなら、今度は何か別の立派そうな語でそれを置きかえてやってみるということになる。そのようにして、このような分野には新しい名称が次々に登場してくるのである。

人間の言葉では、語の「意味」と「指示物」とが一致しないのはそれほど珍しいことでもない。すでに触れたように、これは広い意味での「嘘」の場合であるが、嘘をつくのが可能であるということは目の前に現に存在しないものごとについても伝達を行ないうるということで、これは人間の言語の一つの重要な特徴でもある。例えば鳥がある叫び声で仲間に危険を知らせるとか、蟻がある種のホルモンの分泌によって食物のありかを仲間に知らせるというような場合をかりに「動物の言語」と呼ぶにしても、このような言語の使用は現に存在する刺戟《しげき》に対する反射的な反応に近い形で行なわれ、そのような刺戟が存在しない場面で用いられるとか、ましてその種の刺戟があたかも存在しているかのような印象を与えることを意図して用いられるというようなことはまず考えられない。犬に食物を実際に見せて尻尾を振らせることはできるが、〈三日後においしい肉をたくさんあげるよ〉というようなことを正しく理解させて尻尾を振らせるというのは至難の業であろう。犬にとってできることと言えば、語りかけている人間の素振りを今すぐ何か食物をくれるものと誤解して尾を振るというのがせいぜいのところである。

動物ばかりでなく、同じことは幼児が言語を習得して行く過程についても認められる。ごく初期の幼児の言語の理解もやはり目の前にあるもの――〈ここ〉(HERE)と〈今〉(NOW)に結びついたことがら――に限られる。すぐそばにある何かを指して「コレナニ」と尋ねるのは比較的早く始まっても、例えば隣の家で見た何かを念頭において「アレナニ」と尋ねられるようになるにはだいぶ時間がかかる。同じように、「キノウ」とか「アス」といった語の意味を子供が理解して十分使いこなせるようになるのも非常に早い時期ではないし、疑問詞の「イツ」が使われ始めるのは「ナニ」の場合よりもだいぶ遅れるのがふつうである。

目の前に存在しないものについて語ることを言語の「転位用法」(displaced speech)というような名称で呼ぶことがある。このような言葉の使い方ができるということによって、人間が蒙《こうむ》っている恩恵は計り知れない。一方で数学のような抽象的思考を進めることによって知的創造が可能になるということも、また他方では過去からの莫大な文化的遺産を蓄積し後世に伝えることができるというのも、すべて人間はそのような言葉の使い方をする能力を身につけているからである。

しかし、このような能力は一面では諸刃の剣とも言うべき性質をも備えている。それは確かに人間に対して〈ここ〉と〈今〉という窮屈で狭い現実をはるかに越えた創造を可能にしてくれる。しかし、それはあくまで言葉の創り出した世界であり、現実に対してそれが虚であるか実であるかについては、言葉自身は責任を取らない。

イソップ物語に「狼ガ来タ」と言って村人を驚かせて喜ぶ少年の話がある。この話は、人間の言語の一つの重要な機能を大変よく象徴している。しかし、少年の言葉の虚構性に気づいた村人たちは、やがてこの少年を相手にしなくなる。この話にも見られる通り、言葉の虚構性が伝達を目的とする言語の基本的な機能と矛盾するようになると、それに伴なう混乱や不利益は避けられない。

アメリカでは、言葉の意味をめぐって生じるこの種の問題――もっと一般的に言えば、言語生活における不適応の問題――を分析し、その解決の方法を考える「一般意味論」(General Semantics) という応用的学問の分野がある。この「一般意味論」を提唱する人たちは、「マンション」というような語をめぐって生じるすでに見たような問題を回避する方策として、'Find the referent!'〈指示物を見つけなさい〉という標語を作っている。つまり、間違いが起こるのはわれわれが言語レベルの操作だけで一つの判断を下してしまうということにあるのであり、現にその言葉によって指されているものを自分の眼で確かめるという習慣を作り上げることによって間違いは回避できるというのである。「マンション」といった語によって指されているのが実際にどのようなものであるかを確認すれば、確かに後で性急な判断を悔いるというようなことは避けられよう。しかし、残念なことに実際にはわれわれの日常生活ではいつもそのような確認をするのが可能であるとは限らない。

空想的な科学小説に、どこかの星から地球へやって来た宇宙人がわれわれ地球人とコミュニケーションを行なうことができるようになり、地球人の文化をそのすぐれた知能ですべて理解できるようになったが、ただ一つだけ、どうしても理解できないことがあった。それは「嘘」という語の意味であった、というような話がある。「嘘」という言語行為の存在が知能の問題なのか、倫理の問題なのかというようなことはさて置いても、それがわざわざこのような形の話として取りあげられるというのも、「嘘」をつけるということが人間の言葉使いの一つの重要な特徴であるからである。そして「嘘」が可能になるのは、語の「意味」と「指示物」とは別の次元に属するという意味論での基本的な原則があるからである。

われわれの身の廻りでは、もともとあるものに対して用いられていた表現が外来語によって置きかえられるということがよく起こっている。このような場合の事情も、基本的にはすでに見た「マンション」と「アパート」の場合と同じである。「既製服」という表現から受けるわれわれの印象はどちらかと言うとあまりよいものではないし、たとえ「高級」というような表現を加えて

「高級既製服」と言っても、そのようなイメージは完全には拭い去れない。しかし、「プレタポルテ」(prêt-à-porter、つまり英語に直訳すると‘ready to wear’ということで、すぐ着用できる服という意味)と言えば、受ける印象は一変する。「夏みかん」と言う代りに「サマー・オレンジ」とでも呼べば、夏みかんというもののすっぱさを苦手とする人たちにも食べてみようという気を起こさせるかも知れない。外来語はわれわれにとって新しいものであるから、それが何か珍しいよいものを暗示していると思わせるのには適している。そのためだけの目的なら、用いる外来語はわれわれにとって馴じみの薄い、しかしそれでいて漠然とある種の魔術的なムードをもっているようなものであればそれだけ好都合なわけである。ファッション関係では英語よりフランス語が好んで使われるのは、そのような理由からである。

もちろん、新しい外来語の名称と伝統的な名称とが常に全く同一の対象を指しているとは限らない。例えば「既製服」と言えばまず男性の背広を、「プレタポルテ」と言えば女性のパリ風のモードを連想するというような人もいるであろうし、「サマー・オレンジ」は現にすっぱさを減らした新種の夏みかんかも知れない。しかし、このような言葉使いがなされる場合まず第一に意図されているのは、その名称が適用されている現実の対象そのものがどうということよりも、むしろその名称によって一つの「虚の世界」を作り出すということである。この「虚の世界」が現実よりもよい世界であれば、それだけ好都合なわけである。このような言葉の使われ方は、実用的な伝達ということを意図した言語のもっとも素朴な機能とは対照的であることに注意しておきたい。実用的な伝達ということが目的であれば、われわれの関心は言葉によって指されている現実（つまり「指示物」）にある。これに対し、今ここで問題になっている「マンション」とか「プレタポルテ」の場合のような言葉使いでは、言葉によって現に指されているものの比重が減り、重要なのは語の意味によって作り出される「虚の世界」ということになるのである。

このような言葉使いの効果が持続するのは、もちろん聞き手の方が「虚の世界」を現実と誤って捉えてくれるという限りにおいてである。何度も繰返されるうちに「虚の世界」は虚の世界であることが見破られる。そうすると、また新しい「虚の世界」を作り出しうるような新しい語の登場が必要になってくるのである。

「マンション」と「アパート」では外来語と外来語、「プレタポルテ」と「(高級）既製服」とでは外来語と日本語本来の表現がそれぞれ対比されたわけであるが、同じことはもちろん日本語本来の言い方どうしの間でも起こりうる。「退却」の代りに「転進」、「敗戦」の代りに「終戦」、「占領軍」の代りに「進駐軍」と言うのは第二次世界大戦の後半期から戦後にかけての頃の目立った例である。このような表現は敗戦という現実を直視する代りに、何かそうでない世界に身を置いているような幻想を与えるという効果を持つ。最近では「共かせぎ」の代りに「共働き」、「出かせぎ」の代りに「季節労働者」といった例が見られるし、「未開発国」（underdeveloped country）の代りに「開発途上国」（developing country）と言うようになったのは、英語での変化に倣ったものであろう。場合によっては、「停年」から「定年」というように、もとの表現とその代りになった表現が同音語というようなこともある。

この種の現象はもちろん日本語に限ったことではない。例えば英語でも、garbage man〈なまごみを集める人〉の代りに sanitarian〈衛生職員〉、old men〈老人〉の代りに senior citizens〈長老市民〉などといった言い方をすることがある。chairman という語の -man の部分は女性を無視しているから chairperson という形を使おうというようなことにもなる。最近の国際会議では、この chairperson（あるいは、その短縮形の chair）という表現が定着している。

2 「婉曲」な言葉使い

すぐ分かるように、この種の問題はすべて伝統的に「婉曲《えんきょく》話法」と呼ばれて来た言葉使いと密接な関係がある。日常の生活で、ある種の物事をそのものずばりの意味を持つ言葉でもって指すのがはばかられることがある。そのよう場合に、それよりもっと意味の穏当な言葉でもって代えて指すのが婉曲話法である。例えば〈死ぬ〉という出来事は決してよいこととは言えない。これを「死ヌ」という言葉で指せばまさにそのものずばりであるが、特に関係者が自分にとって敬意の対象になる人のような場合にははばかられる。しかし、「ナクナル」という言葉であれば文字通りには〈消滅する〉ということで、生命の喪失という人間的な面は直接指し示さない。いわば、ワン・クッション置いた形で〈死ぬ〉という出来事に間接的に言及しているわけである。一時期、「遠曲《えんきょく》話法」というような書き方が使われ出したこともあったが、あまりにも文字通りという印象が好まれなかったのか、定着しなかった。

「ナクナル」という表現は日常の言葉使いの中でも丁寧な方に属するが、伝統的な敬語で天皇やそれに準じる人の死去について用いられる「オカクレニナル」という表現になると、もっと丁寧さの度合が高くなる。「ナクナル」の方はこれをさらに敬語化して「オナクナリニナル」と言えるけれども、「オカクレニナル」に対して「カクレル」という非敬語的な形だけで「死ヌ」の婉曲話法として用いるということはしない。「オカクレニナル」という表現も〈姿を隠す〉という意味を通じて、間接的に〈死去〉という点を指すという点では「ナクナル」と同じであるが、

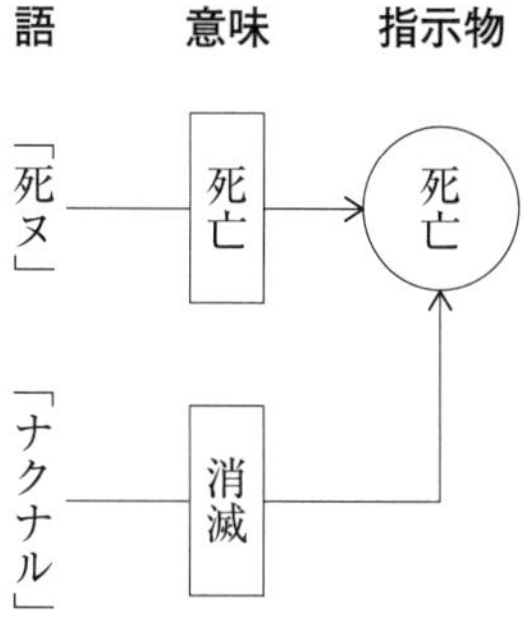

今度は単に〈姿を隠す〉というだけであるから〈消滅〉という意味合いよりさらに指示の仕方が穏やかである。これは高度に敬語的な表現として当然予想されることである。やや形式ばった文語的な表現として「歿《ぼつ》スル」というのがあるが、これも〈沈む〉という意味（当然それにも〈消滅〉とか〈隠れる〉という意味合いが伴なう）を介した婉曲話法であることは言うまでもないであろう。最近のように「没スル」という漢字しか使わなくなると、

〈沈む〉との連想はますます明らかになる。

敬語とは逆に、相手に対して軽蔑の気持を表わす「軽卑《けいひ》語」と呼ばれるものがある。「死ヌ」の代りに例えば「クタバル」というような表現をするとすれば、それは軽卑語ということになろう。「クタバル」という語は本来は〈衰えやせる〉というような意味であったとのことであるが、この意味では現在では用いられない。それなら「クタバル」はもはや〈死ぬ〉ことそのものずばりを指すようになっているかというと、そうでもない。「クタバル」という語は例えば筆者などには「クタビレル」、「ヘタバル」その他いくつかの類似の語を連想させる。そしてこれらの語の意味が思い浮ばせるイメージは、人が疲れ果ててへなへなと坐り込むといったものである。このイメージが〈死ぬ〉といういささか抽象的な意味に重なるので、〈ざま見ろ〉といったような感じが伴なうのであろう。こういった連想が失なわれない限り、「クタバル」の軽卑語としての効果はなくならないわけである。

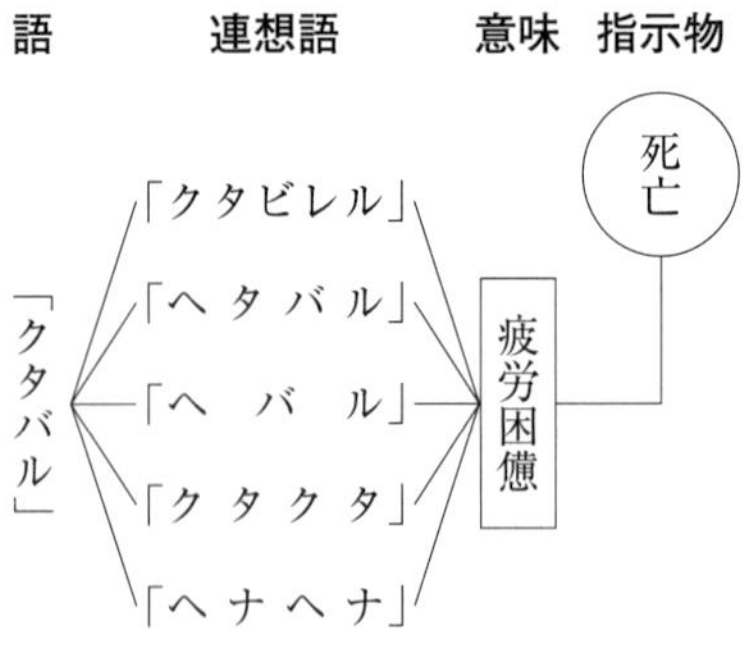

〈死亡〉ということを表わす表現に関して、日本語と同じような事情は他の言語にも見られる。英語では〈死ぬ〉を表わすもっともふつうの語は die であるが、その他にも例えば pass away という言い方は〈通り過ぎる、通り去る〉の意味で、見えなくなるという意味合いに関していくら

か「ナクナル」と近い面があるし、bite the dust は〈砂を噛む〉という意味を通じて「クタバル」と、go under は〈下に行く〉の意味を介して「没スル」などと通じるところがある。go west という表現もあるが、これは太陽が西に〈没する〉ことであるとか、あるいはアメリカの開拓時代に西部へ行くことが命がけであったことの名残りであるとかいう説がある。kick the bucket というのは「クタバル」と感じの似た表現であるが、〈バケツを蹴る〉ということは〈死ぬ〉ということとはちょっとすぐには結びつきそうもない。この句の起源も結局は不明らしいが、一説には bucket は昔〈棒〉を意味した語で狩猟で討ちとめた獲物の脚を棒に括りつけ、かついで運んだのを、獲物がさかさまになって棒を蹴っている姿に見立てたものという。しかし、語源が何であろうと、現在この表現の持つ〈バケツを蹴る〉という文字通りの意味が呼び起こすイメージはあまりまともな姿とは言えない。そのようなイメージが重なる限り、この語はその独特の効果を失なわないわけである。

対象が直接名指して言うのがはばかられるというのが婉曲話法の行なわれる第一の条件であるが、直接の名指しがはばかられると言ってもいくつかの場合がありうる。例えばすでに取りあげた〈死亡〉の場合だと、一方では望ましくないもの、恐怖の対象にすらなりうるものという面があるし、他方では、特に他人に関して言う場合、あまりあからさまに口にすべきでないことという気持も働くであろう。前者の恐怖ということとの関連で言えば、ヨーロッパの多くの言語で〈熊〉を表わす語がいろいろに変っているのは、冬期になって食物がなくなると人を襲うこの動物に対する恐怖の気持がもとになっていると言われる。英語の bear は本来は〈茶褐色のもの〉という意味の語であるし、その他〈蜜を食べるもの〉、〈なめるもの〉などといった意味の表現が熊に対して用いられることもある。日本でも北海道の一部では熊のことを〈おやじ〉と言うこともあるそうである。

相手に対する配慮という点から言えば、「病気ダ」と言う代りに、「具合ガヨクナイ」などと言うのも同じである。これは別に悪い方のことばかりであるとは限らない。身体、健康などに関することはあまりあからさまに言ったり、問うたりしない方が礼儀にかなうことが多い。そこで例えば妊娠のようなことも「オメデタ」というような言い方で表わしたりする。

このような場合と関係のあるのが、公序良俗の観点から直接の指示がはばかられるというような場合である。「厠（カワヤ）」や「雪隠（セッチン）」、「後架（コウカ）」から「手水場（チョウズバ）」、「便所」、「御不浄」、「手洗イ」、「洗面所」、それに外来語の「トイレ」に至る一連の表現はその例である。その中には婉曲話法として通用した期間が比較的短いものも多い。それは対象が日常生活と密接な関係にあるもののために、どうしてもそれに対する表現の使用の頻度が多くて、それだけに婉曲的な効果の薄れる度合が大きいわけである。

3 「皮肉」な言葉使い

いわゆる皮肉ということも、言葉の意味と指示物のずれから起こってくる。シェイクスピアの有名な劇に『ジュリアス・シーザー』というのがある。シーザーの独裁を恐れたブルータスは、ローマのためを思ってシーザーを暗殺する。そして集った大衆に向って、自分がそのような行動に出ざるを得なかった理由を説明する。ところがシーザーの家来のアントニーが現われて煽動的な演説を始め、とうとうブルータスに逆臣の烙印を押すのである。その演説の中でアントニーは何度か 'Brutus is an honourable man'〈ブルータスは立派なお方だ〉という言葉を繰返して使っている。

ところで、'Brutus is an honourable man' という表現は、それだけを取りあげれば明らかにブルータスをほめた言葉である。それがどうして「皮肉」にとれるのであろうか。

まず第一に、'Brutus is an honourable man' と言ったアントニーは実は 'dishonourable'〈卑劣な〉という語の代りに間違って 'honourable' を使ってしまったというようなことではない。間違ったとすれば、これは意図的に間違いを犯してみたわけである。「皮肉」という言語行為には、まず意図的であるということが必要である。

しかし、意図的に間違って対象にふさわしくない語を選んだとすると、これは「嘘」だという

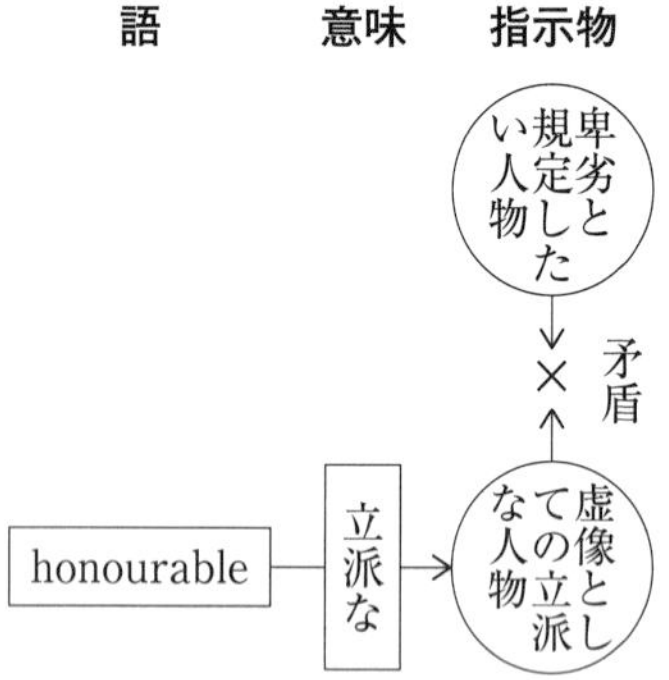

ことになる。「嘘」と「皮肉」とはどこで区別されることになるのであろうか。例えばたいして立派でもない建物が「マンション」と呼ばれる時、指されている建物自体は聞き手から隠されているか、あるいは少なくとも「嘘」を含む言葉の作り出す虚の世界の方が強く打ち出されて、その陰に隠されることが意図されている。一方、「皮肉」では指されている対象はむしろ積極的に提示されて、それと言葉の作り出す虚の世界の対比が強調される。アントニーはブルータスに殺されたシーザーの死体を抱えている。そしてまだそばに留っているブルータスを指しながら、'honourable'という語を使うのである。聴衆にとっては、アントニーが規定しようとするブルータスの性格と使われた言葉の意味の間の落差は明らかに見てとれよう。

しかし、この落差は「皮肉」の場合、一方向にしか働かないように思われる。『ジュリアス・シーザー』の例では、〈卑劣であると規定したい人物〉が「立派デアル」と言われている。逆に〈立派であると規定したい人物〉を「卑劣デアル」と言うことによっても「皮肉」が成り立つかというと、これは成り立ちそうもない。この点は次のように考えればよい。つまり、卑劣と規定されて然るべき人物に対して言語が立派な人物というイメージを与えるならば、その不当さは当然問題となるであろう。逆に、立派であると規定したい人物に対して言語の方が卑劣な人物という表現を用いるとすれば、それは立派であると規定したいという目的そのものに適わない。したがって、この逆の場合は原則として「皮肉」にならないのであろう。

'honourable' という語を辞書で引いてみても、〈立派な〉という意味はのっていても〈卑劣な〉という意味は記録していない。これはつまり 'honourable' という語を〈卑劣な〉という意味で使うのは、特定のコンテクストの中だけで可能になるその場限りのものであるからである。一方、〈立派な〉という意味は honourable という語がふつう使われる場合一般に妥当するものであるし、honourable が〈卑劣な〉という意味合いで皮肉的に使われる場合も、〈立派な〉という意味でふつう使われるということが一つの前提になっているわけである。

しかし、語の中にはとりわけ好んで皮肉に用いられるものがある。日本語の場合だと、例えば、「上品ナ」に対して「オ上品ナ」の方は皮肉な意味合いで用いることがずっと多いように思われる。言葉使いが丁寧であるだけ、実際に指されているものとの落差はそれだけ大きくなるから、皮肉の効果を強調するのに役立つわけである。英語でも gentle という語に対して genteel という語は〈お上品な〉という感じで皮肉に使われることが多い。英語関係の辞書では、この種の語には《皮肉》(ironical) というような表示がつけてあるのがふつうである。そのような表示を持っていて比較的よく使われる語に nice がある。大きな辞書を見れば、いくつか挙げてある意味のうち《皮肉》という表示のもとに〈嫌な、困った〉というような意味が挙がっているはずである。

'This is a very nice present'〈これは大変結構な贈物だ〉という表現はそれだけでは感謝の表示としかとれないが、目の前に明らかにありがたいとは思えないようなものがあったり（あるいは、比喩的にありがたいとは思えないような仕打ちを受けたという経験があったり）すれば、文字通りでなく皮肉の意味合いであることははっきりする。すぐ分かるように、日本語の「結構ナ」もniceとよく似た皮肉な意味で用いられることの多い語である。

4 戯語

「麗シイ乙女」というような表現は、日常語の感覚からするとやや古めかしくて文語的という感じがする。もしこの表現がその意味にふさわしくないような対象（つまり、美しくない女性）に意図的に適用されれば、前節で扱った皮肉の効果を伴ない得る。しかし、この表現はたとえその意味にふさわしい対象（つまり、美しい女性）に適用された場合でも、日常語のレベルでは何となく奇妙な感じが残る。「麗シキ乙女ヨ」と呼びかけられた女性は、たとえ自分がそのような呼びかけに値することを意識していても、めんくらうに違いない。「麗シキ乙女ヨ」といったような表現は、古きよき時代——現在では文学作品などを通じてのみ近づきうる雰囲気——の中で生きているものであり、現在の現実世界とはかけ離れた虚の世界に属している。そのような虚の世界が突如として現実世界に対して押しつけられて来たことに対するとまどいである。

このような言葉使いでは、対象となるものの指示は必ずしも間違っているとは言えないのであるが、それを大変場違いなやり方でしているのである。一般に語にはどのような条件を備えているものならばそれを指しうるかということ——狭義の「意味」——の他に、どのような言語使用のレベルで使いうるか（「文体的価値」）ないしはどのような場合で使いうるか（「使用域（register）」）ということも決まっている。辞書についている《古》、《文》、《口》、《俗》、《方言》、《医》、《理》などはすべてこの文体的価値ないしは「使用域」の表示である。その語の文体的価値や使用域に合わないような使い方をすると、ちょうど場違いな服装で現われたのと同じようなちぐはぐな感じが生じる。このちぐはぐさがしばしば滑稽さと結びつくのである。そういう場合を言葉の戯語的な使い方と言う場合がある。

先程の「麗シイ乙女」の場合のように、古めかしいという文体的価値を持っている語は特に戯語的に使われやすい。日常のレベルで例えば自分の恋人を「汝」という語で呼びかければ、同じような戯語的な効果が生じよう。「豪胆ヲモッテ鳴ル」というような表現がそれにまったくふさわしくない人物（例えば、ドン・キホーテのような騎士）に適用されれば皮肉の効果が生じるが、たとえそれにふさわしい実際に勇気ある人物に適用されている場合でも、いささか場違いな滑稽さが感じられよう。古めかしい語のうちのあるものがもっぱらこのようなやり方で用いられるよ

sky pilot

うになると、辞書でも《戯》(jocular)という表示が与えられるようになる。英語のdoughty〈豪胆な〉という語はその例である。

戯語的な表現は、別に文体的価値の上でのずれだけをもとに成り立つわけではない。狭義の意味が関係してくる場合もある。辞書にのっている例だと、‘tear’〈涙〉のことをsalt water〈塩水〉と言ったり、‘pastor’〈牧師〉のことをsky pilot〈空の案内人〉、‘astronomer’〈天文学者〉のことをstar-gazer〈星をのぞく人〉などと言ったりする場合である。〈涙〉というのは感情的な連想の豊富な対象であるが、salt waterというのはいかにも物質的な表現である。〈天文学者〉というのは他にもいろいろ高等なことをしているはずであるが、それを〈空をのぞく〉というごく初歩的な誰にもできることだけに限ってみることによって滑稽さを出している。この二つは対象のあまり基本的でもない一面を強調することによっておかしさを作り出している。〈牧師〉をsky pilotと呼ぶ例には比喩がからんでいるが、牧師が死者の霊を乗せ(現代風に言うなら)ジェット機を駆って天国へ運ぶ様子でも想像してみればよいであろう。およそ精神的なことを職務とする牧師と機械との対比が妙である。

第二章
意味の類似性

1　意味の類似性と指示物の同一性

同点のまま九回裏にまで進んだ野球の試合が、そこで二死満塁になったとする。攻撃側はこの状勢を指して「チャンス」だと言うし、一方守備側は同じ状勢を指して「ピンチ」だと言うであろう。この場合、「チャンス」も「ピンチ」も同じ状勢を指して使われている表現である。だから「チャンス」と「ピンチ」は同じ意味であると言えるだろうか。もちろん、そうではない。

「幸カ不幸カ」という言い方がある。例えば「幸カ不幸カ、当日ハ雨ダッタヨ」のような言い方をする。この場合の「幸カ不幸カ」という表現は、〈降雨〉という出来事がある面から見ると「幸」であったし、あるいはまた別の面から見ると「不幸」であったということを表わしている。

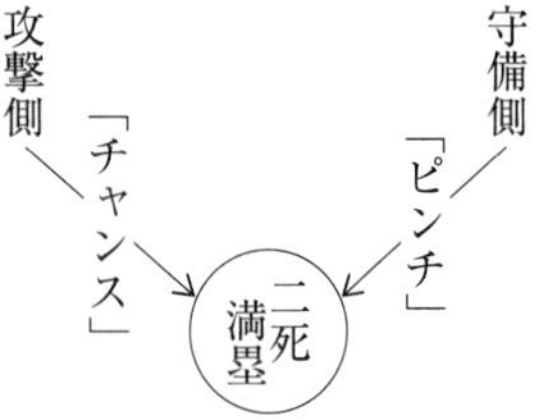

「幸」も「不幸」も同じ出来事を指して使われている。しかし、それでは「幸」と「不幸」は意味が同じであるかと言えば、もちろんそうではない。「狂人ト天才ハ紙一重」という諺《ことわざ》も面白い。同時代の人たちからは「狂人」扱いされた人物が後になって「天才」として崇拝されるということがある。本人（指示物）自体は変りない。人びとが違った観点から捉えているだけなのである。

この種の古典的な例は「明ケノ明星」と「宵ノ明星」という表現である。どちらの表現も天文学的には〈金星〉という同一の指示物を指しているが、だからといってこの二つの表現の意味が同じであるなどとは言えない。前章で何度も取りあげて検討した通り、語の「意味」と「指示物」とは別物である。指示物が同じであるからと言って、意味まで同じであるとは言えない。同じ対象であっても言葉は、そのものの違った面に焦点を当てるという形で指すことができるのである。以下で問題にするのは「意味」の類似性であって、指示物が同じであるかどうかということは直接の関係はない。

2 同義語

「意味」が同一の語は「同義語」(synonym)と呼ばれる。しかし、完全な同義語というようなものは一体存在するであろうか。二つの語が完全に同義であれば、おそらく一方の語の使われているすべての場合に他方の語を置きかえて使っても差支えないし、そのまた逆も可能であるということが期待される。そういうことは一体ありうるであろうか。

日常生活でよく用いられる語の中にも、たがいにかなり意味が類似しているものもあるが、これらの語は置きかえの基準によって調べてみるとたいてい何らかの点で違っているものである。

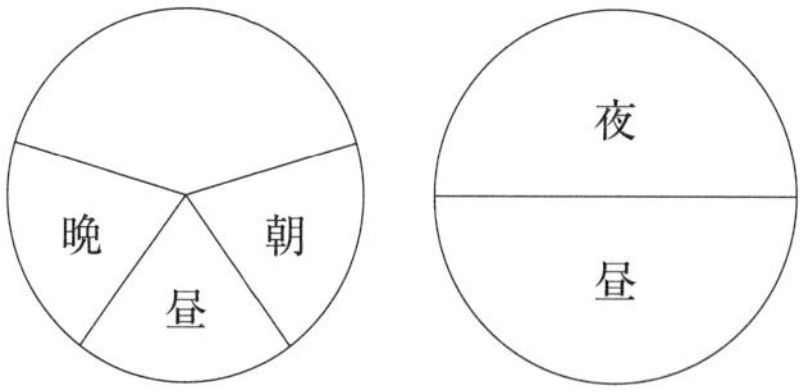

例えば「夜」と「晩」の違いなど、外国人で日本語を習っている人に説明を求められてもすぐに答え難いような感じである。しかし、「夜」の方は「昼夜」という言い方に表われているように一日を二分してその暗い時間帯全体を指すことができるが、「晩」の方にはそういう使い方はできない。むしろ、一日のうち人が起きて活動する時間帯を「朝昼晩」と三分しているような感じである。したがって、日の出少し前のまだ暗い時のことは「夜」と呼ぶことができても、「晩」と言うのは変である。

あるいは「性質」と「性格」という言葉も、「彼ノ性質」とか「彼ノ性格」というような場合はそれ程違いを感じさせないけれども、ある物質について「水ニ溶ケル性質ヲ持ッテイル」と言うのはよいけれども、「水ニ溶ケル性格」と言うのはおかしい。

形容詞の例を挙げるならば、例えば「美シイ」と「キレイナ」とは（「美シイ」の方がいくらか文語的であるという点で文体的価値に差があるということを別にすれば）、「美シイ女性」、「キレイナ女性」というように多くの場合にどちらをも用いることができるように思える。しかし、例えばピカピカに磨きあげられてちり一つ落ちていない手術室があったとして、

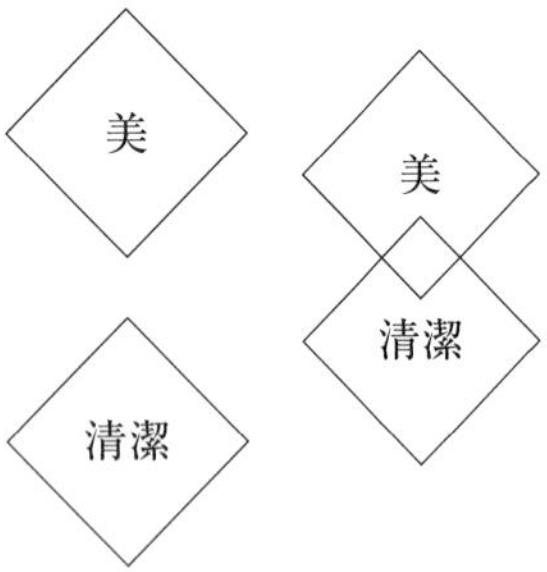

日本語　　英　語

「キレイナ床」とは言うであろうが「美シイ床」と言うのは変である。つまり、「キレイナ」の方には〈清潔な〉という意味もあるが、「美シイ」の方にはそれは欠けている。別の言い方をすると、日本語では「キレイナ」という語において〈美〉という意味分野と〈清潔〉という意味分野とが接触しているわけである。英語の beautiful と clean という語にはそのような接触点はない。しかし、面白いことに、英語も数百年前頃まで遡ると、今の clean という語が〈美しい〉という意味合いでも使われている。

日常語では大体このような状況がふつうである。したがって、完全な同義語を探そうとするならば、語の意味が比較的明確に規定されている専門分野の術語的なものに当ってみたらと思われる。例えば、野球用語としての「投手」と「ピッチャー」というのはどうであろうか。いずれの

語も野球のチームを構成する九人のうち、相手方打者に投球するという特定の任務を課せられたプレーヤーを表わしており、意味は正確に一致するような印象を受ける。しかし、それでも置きかえの基準に照らし合わせてみると、すべての場合に相互置換が可能とは限らないことが分かる。例えば、上に固有名詞がつく場合である。「山田投手」とは言うけれども、「山田ピッチャー」などとは言わない。あるいは「投手と捕手」というような言い方はしても、「ピッチャーと捕手」というような言い方は（たとえ話し言葉の中でたまたま気づかずに用いてしまうというようなことはあるとしても）書き言葉の場合なら注意深い人はまず確実に避けるであろう。そうすると、やはり完全に同義であるとは言えないということになる。

術語的な表現で、表わしている概念はどう見ても同一と思われるような場合でも、奇妙な形で差が現われてくるということもある。例えば天文学の術語に「惑星」と「遊星」というのがある。どちらの語も英語のplanetに対応するし、表わしている概念内容も完全に一致しているように思われる。ところがかつては「惑星」の方はある大学の系統の関係者によって用いられ、一方「遊星」の方はまた別な大学の系統の人たちの用語であったと言う。

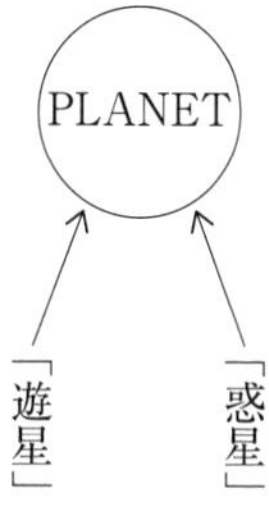

そうだとすると、例えば前者の大学の関係者の書いたものの中に出てくる「惑星」という語は「遊星」という語によっては置きかえられないということになる。二つの語は使用域が違うのである。現在では「惑星」の方が正式の術語になっている。

この種の現象は他の場合にも見られる。大学に入った初年度の学生を大学によって「一年生」と呼んだり、「一回生」と呼んだりする場合もそうである。「一年生」という言い方は特に大学に限らないから、適用範囲から言うと「一回生」より広い表現である。いずれにせよ、両者は自由に交換して使うというわけには行かない。自然科学で英語の名詞'constant'に相当する概念は、かつては数学、物理系統では「常数」、工学系統では「定数」、化学系統では「恒数」とそれぞれ別の名称を使っていたそうである。あるいはわが国で航空機の旅客業務が始まった最初の頃、機内で旅客の世話をする女性は日本航空では「スチュワデス」、全日空では「ホステス」と言っていた。これらも使用域が異なるために完全な同義語にならない例である。国際的なレベルでは、日本語ではいずれの場合にせよ「宇宙飛行士」という呼び名を使うが、英語ではアメリカ関係ならばastronaut、かつてのソ連の関係ならばcosmonautのように別の名称を使っていた。(-nautは〈航海(士)〉を意味する部分、cosmo-は〈宇宙〉、astro-は〈星、天体〉を意味する部分である。)

このような例を検討してみても、言語には完全な同義語などというものは存在しないのではないかと思われる。そのような点を重視する人は「同義語」という言い方よりも「類義語」と言う方を好む。いずれにせよ、もっと一般的に考えてみても、かりに二つの語が完全に同義であるとするとその二つの語はどちらを使っても全く同じように伝達の目的を達することができるのであるから、二つが並存する必要は全然ないということになる。その上、人間の言語の一般的な性格として違う語形は違う語義を有しているということが一方にあり、そのため、異なる語形がまったく同じ意味を持つというのは、かえってまぎらわしいということにもなりかねない。

事実、言語においてたまたま何らかの理由（例えば外国語からの借入）によってかりに完全な同義語、あるいはそれに近いものができたとしても、それは遠からず何らかの形で意味や文体的価値に関して分化するのがふつうである。現在の日本語では、日本語本来の言い方と後に借用された外来語的な表現との間に、この種の著しい傾向が認められる。

例えば「ごはん」と「ライス」の区別である。最近の感じでは、茶碗やどんぶりに盛ってあれば「ごはん」、お皿に盛ってあれば「ライス」と言うところであろうか。「ライスにしますか、パンにしますか」と言うのが最近のレストランではふつうの聞き方であろう。レストランで魚料理を食べるのに「にしん」と言って注文したら、ウェイトレスに「ヘリングですね」と怖い顔で訂正されたという話もある。

「氷」も「アイス」とは同じではない。自然の状態にあるなら「氷」であろうが、食用、飲用のためのものなら「アイス」ということであろう。「氷アイス」などという名称が使われているのを見かけることがある。女性の「ブーツ」のことをうっかり「長靴」などと言ったら、叱られるかも知れない。「レザー」も「革」と同じではないそうである。日本語本来の言い方の間でも同じような分化が起こることもある。「水着」という言い方がだんだん一般化して来て「海水着」という語は使われなくなりつつあるようであるが、「水着」は水の中で泳ぐためというよりは水際で着用し、もっぱら見せるためのものという定義もある。「海水着」が使われなくなって来ているのは、海だけではなくプールでの使用が多くなったということもあろう。他方、「水着」の代りにおそらくできれば何か外来語的な表現を使いたいという心理はあるのであろうが、(米語での swimsuit ならまだしも)英語の swimming suit ではちょっと長すぎるというためらいも感じられるのではないかと思われる。

すでに見た通り、おおまかな意味での同義語であっても、細かく見れば意味の上や使用域の上で何らかの差があるのがふつうである。意味の上での差といっても、場合によってはその語の適用される対象の何らかの性質に関するものばかりではなく、むしろ話し手がその対象に対してどのような感情を抱いているか、どのような態度をとり、どのように評価しているかということに関係していることもある。例えば、前章で「上品ナ」に対する「オ上品ナ」という言葉の感じについて触れたが、後者に含まれがちな皮肉な意味合いというのも一つの場合である。「進入」とか「進攻」と書けば、書いた人はその出来事に対して中立的、ないしは支持する態度をとっているという感じであるが、「侵入」とか「侵攻」と書けば、明らかにその行動を非難しているという感じが伴なう。これは感情的なニュアンスに関してほぼ正反対に近い語が、たまたま同音語でもあるというやや珍しい例である。また、他と違っているということは場合によってはよいことにもなるし、よくないことにもなる。「異色ノ」というような表現はよい評価を含んでいるが、「異常ナ」という表現では評価はよくないのがふつうである。

近似的には同義語であっても、実際には以上いろいろと見て来たように、何らかのやり方でずれがあるのがふつうである。逆に言えば、そういうずれによってそれぞれの語に独特のものがあるからこそ、近似的に同義であっても並存する理由があるわけであり、話し手はその場にふさわしい表現を選んで使うということができる。したがって、例えば話し手を表わすのに英語では'I'一つですむところに日本語では「ワタクシ」、「ワタシ」、「ボク」、「オレ」、「ワシ」(それに古いところでは「拙者」、「朕《ちん》」)など多くの表現があるといっても、それは余計なぜいたくで統一してしまえばよいというような性質のものではないわけである。

3 反意語

「反意語」(antonym)というのはふつう意味の反対の語と定義される。意味が反対であるというのは常識的には意味が非常にかけ離れているということであるから、反意語はしばしば同義語とは正反対の立場にあるというふうに受取られがちである。果してそうであろうか。

まず、ふつう反意語と呼ばれる関係にある語にも、いくつかのタイプがあるということに注意しておく必要がある。例えば、「男」と「女」、「大キイ」と「小サイ」、「行ク」と「来ル」はい

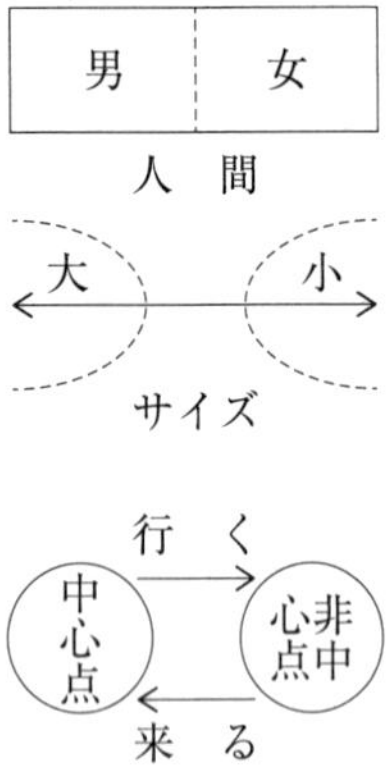

ずれも反意語の例であるが、それぞれの場合の相互関係は必ずしも同じではない。第一の「男」と「女」というような場合は、〈人間〉というような共通の次元が考えられていて、その次元が〈男〉と〈女〉という二つの部分に分けられているという感じである。そしてこの次元に関して言う限り、〈男〉でなければ〈女〉、〈女〉でなければ〈男〉という相互に排除的な関係が一応成り立つ。〈表〉と〈裏〉、〈内〉と〈外〉などはこの部類に属する。

「大キイ」と「小サイ」という場合もこれと似ているようであるが、少し事情の違うところがある。ここでは共通の次元は〈サイズ〉とでも言っておけばよいであろう。そしてこの〈サイズ〉の尺度の上で、比較的上位の極に近い部分が〈大〉であり、比較的下位の極に近い部分が〈小〉である。〈男〉と〈女〉という場合とは違って、〈大〉と〈小〉は〈サイズ〉の尺度を完全に二分割しているわけではないのである。〈大〉でなければ〈小〉であるか、あるいは〈小〉でなければ〈大〉であるかと言うと、必ずしもそうではない。〈大〉でも〈小〉でもない中間の場合もありうるからである。〈大〉と〈小〉は厳密に相互排除的とは言えないわけである。〈高〉と〈低〉、〈善〉と〈悪〉、〈黒〉と〈白〉などはこの部類に属する。

〈行く〉と〈来る〉の場合はいわば動的な関係で、中心と意識される点に関して、そこから去って行くか、そこへ向って来るかという方向性の違いが問題になっている。すでに序章でも検討した通り、〈貸す〉と〈借りる〉、〈売る〉と〈買う〉、〈教える〉と〈習う〉なども、基本的には同じ関係に立っている。さらに〈着る〉と〈脱ぐ〉という対立なども、前者は〈着物〉が本人の身体に来ること、後者はそれが本人の身体から去って行くことというふうに解釈すれば、それぞれ〈買う〉や〈借りる〉の場合に平行すると考えることができる。〈結ぶ〉と〈ほどく〉などについても、〈結ばれている状態〉が来るのか去り行くのかという観点に立って、同じような分析をすることができる。

　ところで、以上三つの反意語のタイプはそのどれをとってみても、何らかの共通の基盤の上に立って意味の反対性が成り立っていることが分かる。第一と第二のタイプでは二つの語の意味にとって何らかの共通の次元があり、それとの関連で意味の反対性が規定されている。第三のタイプでも、ある中心点が想定されていて、それとの関連で動きの方向が逆であるということで反意性が成り立っているわけである。つまり、反意語というのは意味の上で何らかの共通の部分、おたがいを結びつけている部分があるわけである。その意味では、反意語は決して意味が非常にかけ離れている語というわけではないのである。このことは、次のように考えてみても明らかであろう。

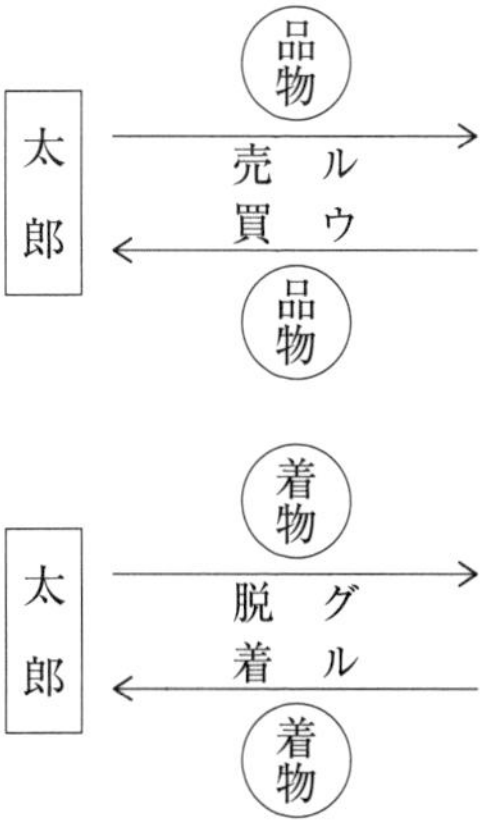

例えば「男」と「女」と「木」という語を提示して、どの語とどの語の間に意味的に見てもっとも深い関係があるかと言えば、もちろん「男」と「女」ということになろう。「行ク」と「来ル」と「坐ル」などを較べた場合も同様であろう。反意語の間には実は密接な意味上の関連があるからである。

4　包摂語と被包摂語

同義語を検討した時、二つの語が相互に置換可能であるかどうかということを基準として考えた。このような場合に対して、置換が一方向にしか働かないというような場合も考えられる。例えば「子供」と「息子」というような場合がそうである。「自分ノ息子ガ結婚スル」という文で「息子」を「子供」に直して「自分ノ子供ガ結婚スル」と言っても文の妥当性は変らないが、逆に「子供」の代りに「息子」を置きかえてもいつも差支えないかというと、そうとは限らない。「自分ノ子供ニ嫁ヲ探ス」ならば「息子」を置きかえてもよいが、「自分ノ子供ヲ嫁ニヤル」のような場合には「息子」を置きかえるわけに行かない。「子供」と「息子」という語の間の意味関係はいわば一方通行なのである。

「子供」と「息子」との間には、前者が上位概念で後者が下位概念であるという関係がある。論理学では「外延」(denotation。つまり、その語を適用できる対象の範囲)と「内包」(connotiation。つまり、それらの対象に共通の属性)という術語を使って、上位概念は下位概念に較べて外延は大きいけれども、内包は小さいというような規定の仕方をする。例えば、子供の数は息子の数より多い(つまり、「子供」の外延は「息子」の外延より大きい)けれども、子供に共通の属性は息子に共通の属性より少ない(つまり、「子供」の内包は「息子」の内包より小さい)。息子というものには子供に共通の属性の上に、少なくとも〈男性〉という属性がさらに余計に加わるからである。

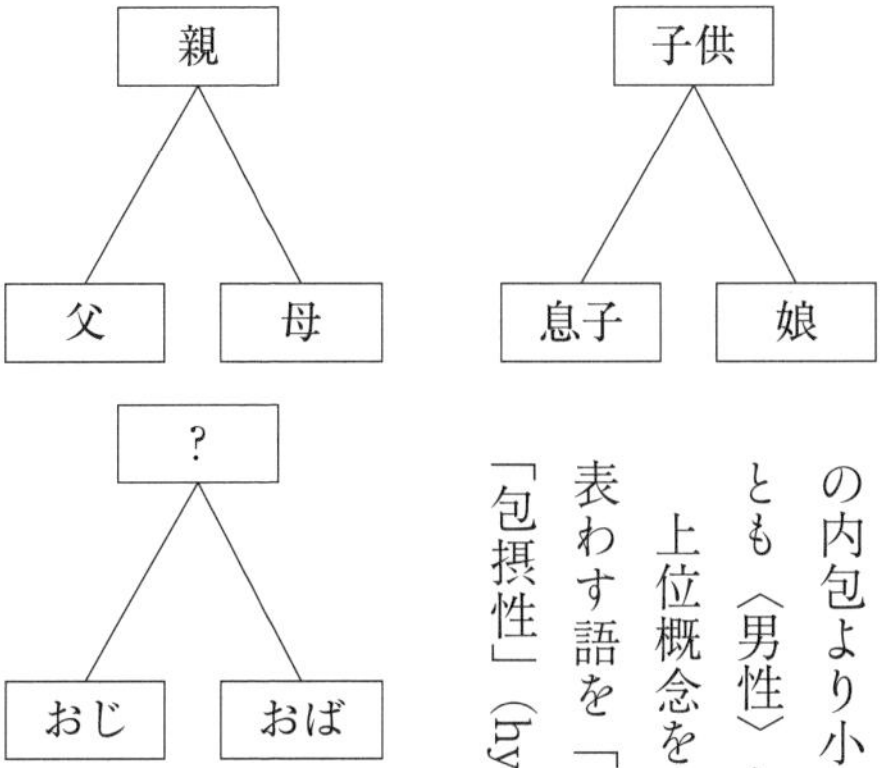

上位概念を表わす語を「包摂語」(hypernym)、それに対する下位概念を表わす語を「被包摂語」(hyponym)、両者によって構成される意味関係を「包摂性」(hyponymy)と呼ぶことにする。「包摂性」の関係が成立している場合、上位概念を表わす包摂語が存在していることも、していないこともある。例えば「父」と「母」に対しては「親」という包摂語が存在するが、「おじ」と「おば」や「おい」と「めい」といった組に対する包摂語はない。「兄」と「弟」の場合にも包摂語が欠けているので、時として「キョウダイ」というような本来集合的な意味を持つ

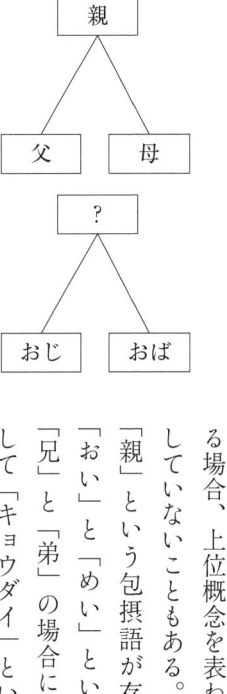

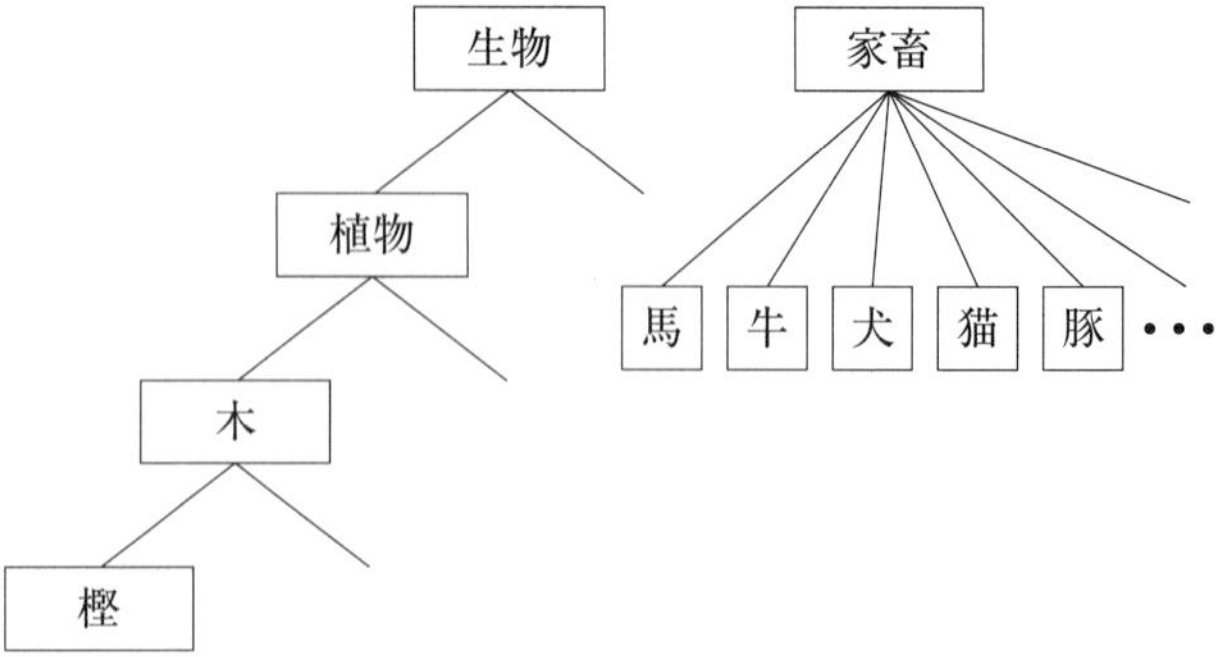

「生物」

「植物」＝〈生物〉＋〈植物〉

「 木 」＝〈生物〉＋〈植物〉＋〈木〉

「 樫 」＝〈生物〉＋〈植物〉＋〈木〉＋〈樫〉

はずのものが臨時に包摂語として使われることもある。

一つの包摂語に対応する被包摂語が二つしかない場合は、この二つの被包摂語は前節で触れた反意性の第一のタイプ（例えば「男」と「女」）を構成する。両者の間には、一方でなければ他方であるという相互排除的な関係が存在している。同時に包摂語に相当するものは、両者の立つ共通の次元を表わしている。

しかし、包摂語に対する被包摂語は二つに限らない。例えば「家畜」というような包摂語に対しては、「馬」、「牛」、「犬」、「猫」、「豚」、「羊」などかなりの数の被包摂語が対応する。また、包摂の関係は一階層きりとも限らない。「生物」―「植物」―「木」―「樫」などというふうに何階層にもわたって包摂の関係が成り立つこともある。このような場合、一般に被包摂語の意味はそれに対する包摂語の意味全体に何かが加わったものという形で規定できる。例えば〈植物〉は〈生物〉ということの上に〈植物性〉とも言うべきものがつけ加わったもの。〈木〉は〈植物〉ということに〈木性〉とでも言うべきものがつけ加わったもの、というふうに考えることができる。被包摂語と包摂語には共通の意味要素が共有されているから、その限りにおいては広義の同義語どうしでもある。

5 意味の因数分解

前節で扱った例の中に「子供」―「息子」、「親」―「父」のようなものがあったが、このような包摂の関係が成り立つということは、「息子」＝〈子供〉＋〈男性〉とか、「父」＝〈親〉＋〈男性〉というような等式としても表わすことができる。ここで〈子供〉とか〈親〉、〈男性〉は、「息子」や「父」という語の意味を構成している成分と考えることができる。

一般に、意味的に何らかの関係のある二つの語を比較してみた場合、意味の共通した部分と、おたがいを相互に区別し合っている部分とがあるはずである。それぞれの部分を一つの意味的な単位と考えるならば、それを組合せる形で語の意味が規定できる。こういう操作を幾組もの語に繰返して適用すれば、その過程で何度か現われてくる基本的な意味単位を見出すことができるはずである。そのような意味単位を組合せて語の意味が規定できないであろうか。

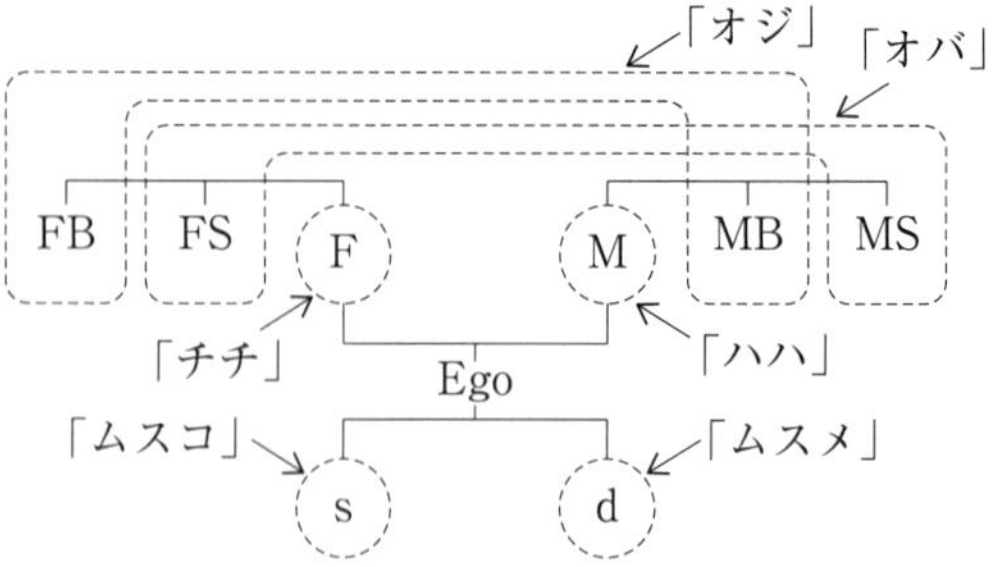

Ego：自己　F：father　M：mother
B：brother　S：sister　s：son
d：daughter　FB：father's brother
MS：mother's sister など。

このような操作が多く試みられ、いちばん成果をあげているのは、「親族用語」（kinship terms。つまり、血縁や婚姻によって成立する家族的社会的関係を表示する語）の意味の分析である。

例えば、「チチ」と「オジ」という語の意味を較べてみると、世代が自分より一代上で性が男性であるという点では共通しているが、「チチ」が直系の親族であるのに対し「オジ」はそうではない。このことから、このような語の意味の記述には、まず〈系統〉（〈直系〉、〈準直系〉、〈傍系〉など）ということを問題にしなくてはならないことが分かる。次に「チチ」と「ハハ」を比較してみると、世代が一代上でどちらも直系であるという点は共通であるが、性に関して「チチ」は男性、「ハハ」は女性であるという点が違う。したがって、

〈性〉（〈男性〉か〈女性〉か）ということも考慮しなくてはならないことが分かる。さらに今度は「チチ」を「ムスコ」と比較してみると、性が男性で系統がいずれも直系である点では共通しているが、世代に関して前者は自己より〈一代上〉、後者は〈一代下〉という差がある。したがって、〈世代〉（generation。〈同世代〉、〈一世代上〉、〈一世代下〉など）ということも留意しなければならないことが分かる。

以上の予備的な検討から、〈性〉、〈世代〉、〈系統〉という三つの点に関してそれぞれの語の意味の特徴を規定する必要があることが分かる。それに基づいて、いくつかの基本的な親族用語の意味を規定してみると、次のようになる。

「チチ」＝〈男性〉＋〈一世代上〉＋〈直系〉
「ハハ」＝〈女性〉＋〈一世代上〉＋〈直系〉
「オジ」＝〈男性〉＋〈一世代上〉＋〈準直系〉
「オバ」＝〈女性〉＋〈一世代上〉＋〈準直系〉
「ムスコ」＝〈男性〉＋〈一世代下〉＋〈直系〉
「ムスメ」＝〈女性〉＋〈一世代下〉＋〈直系〉

これにならって、「オヤ」という語の意味を規定すると、次のようになる。

「オヤ」＝〈一世代上〉＋〈直系〉

つまり、「チチ」や「ハハ」という語ではどちらか一方の性の親族にしか適用されないから、そ

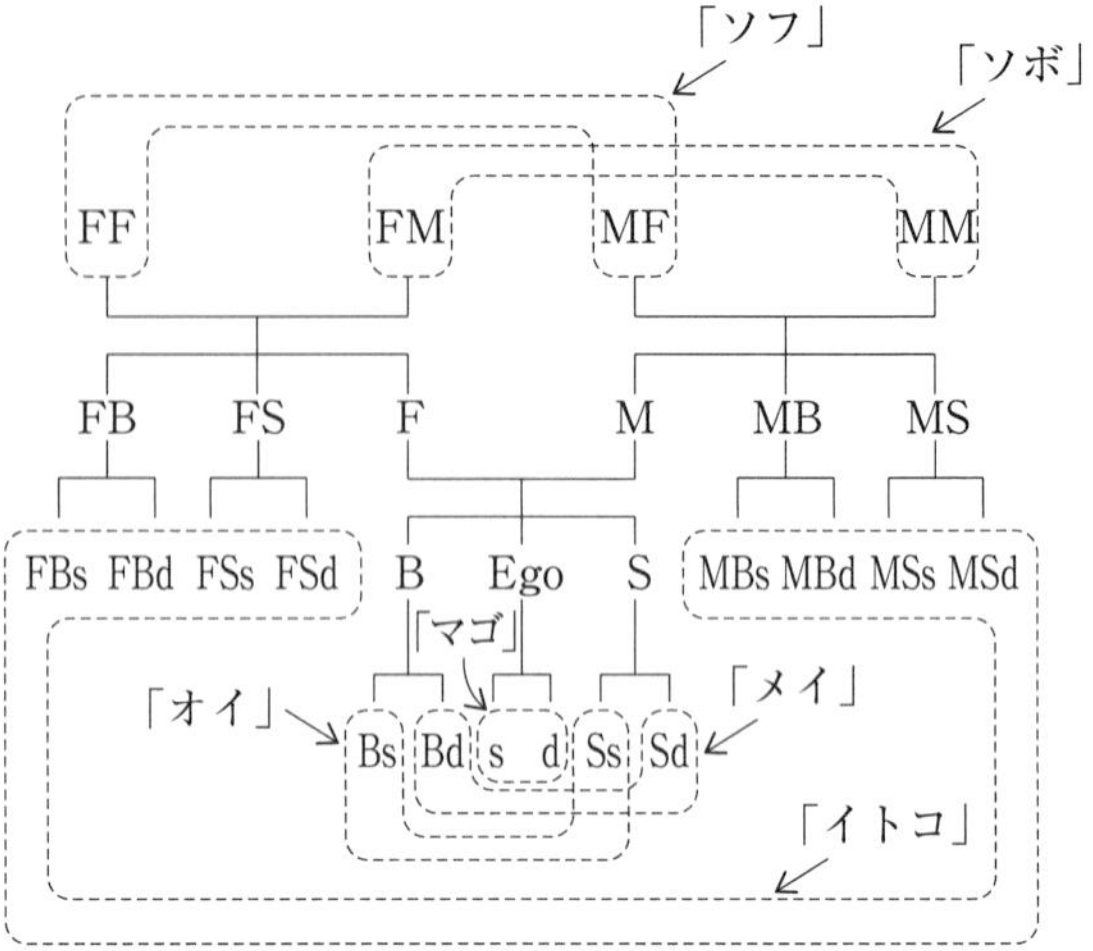

FF：father's father　FBs：father's brother's son
Bd：brother's daughter など。

れについての規定を含めておく必要があるのであるが、「オヤ」という語は性別には関係なく使えるから、その点の指定をしておかなくてもよいわけである。同じように（自分の家族の）「コドモ」の場合も、次のように表わされる。

「コドモ」＝〈一世代下〉＋〈直系〉

同じ要領で、自己より二世代離れた親族も次のように規定できる。

「ソフ」＝〈男性〉＋〈二世代上〉＋〈直系〉

「ソボ」＝〈女性〉＋〈二世代上〉＋〈直系〉

「マゴ」＝〈二世代下〉＋〈直系〉

最後の「マゴ」に関して性についての規定がないのは、「オヤ」や「コドモ」の場合と同じである。ついでにその他のいくつかの親族用語も同じようにして規定しておくと、次のようになる。

「オイ」＝〈男性〉＋〈一世代下〉＋〈準直系〉

「メイ」＝〈女性〉＋〈一世代下〉＋〈準直系〉
「イトコ」＝〈同世代〉＋〈傍系〉

最後に、兄弟姉妹関係を表わす表現は日本語では年長か年少かについての指定が必要になる。

「アニ」＝〈男性〉＋〈同世代〉＋〈準直系〉＋〈年長〉
「オトウト」＝〈男性〉＋〈同世代〉＋〈準直系〉＋〈年少〉
「アネ」＝〈女性〉＋〈同世代〉＋〈準直系〉＋〈年長〉
「イモウト」＝〈女性〉＋〈同世代〉＋〈準直系〉＋〈年少〉

英語の brother や sister のような語であれば、この〈年長〉、〈年少〉についての指定は必要でないわけである。

このようないわば語の意味の因数分解のような操作ができたとすると、意味の類似度がもう少し明確に規定できるわけである。もし二つの語が全く同一の意味成分で同じように規定されていれば、それは完全な同義語である。もし、二つの語がいくつかの意味成分を共有した上で、一方には他方にはない意味成分がさらに加わっているというような関係であれば、二つの語の意味の間には包摂性が成立する。例えば、「オヤ」と「チチ」は〈一世代上〉と〈直系〉という成分を

「チチ」＝〈男性〉＋〈一世代上〉＋〈直系〉
「ハハ」＝〈女性〉＋〈一世代上〉＋〈直系〉
共　通

「オヤ」＝　　　　〈一世代上〉＋〈直系〉
「チチ」＝〈男性〉＋〈一世代上〉＋〈直系〉
共　通

共有した上で、「チチ」の方にはさらに〈男性〉という成分が余分につけ加わっている。この場合「オヤ」のように成分の数の少ない方が包摂語で、「チチ」のように成分の数の多い方が被包摂語である。つまり、成分の数が多いほどその語の使用条件に関して細かい指定がつくから、そのような語の意味は当然特殊になるというわけである。また、反意語であるということは、二つの語がいくつかの意味成分を共有した上でたがいに相手とは異なる成分を有しており、かつこのたがいに異なる成分がその二つで一つの次元を構成しうるようなものであるという条件が満たされるということによって成り立つ。例えば、「チチ」と「ハハ」では〈一世代上〉と〈直系〉が共通であるが、その他にそれぞれが〈男性〉と〈女性〉という対立する成分を持っている。ところが〈男性〉と〈女性〉という二つの項はそれだけで性別に関しての人間という一つのまとまった次元を構成している。それに基づいて、「チチ」と「ハハ」の意味の間の反意性が成り立っているわけである。

本節で扱ったような意味の因数分解のような操作がすべての語について有意義に適用できれば大変都合がいいわけであるが、実際にはいくつも難しい問題が存在する。例えば、「チチ」と「パパ」、あるいは「おやじ」といったような表現に見られるような差をどう表わすかというようなことがある。使われ方に違いがあるわけであるから、同じような形に因数分解するのでは明らかに不十分である。これはおそらく、それぞれの語特有の文体的価値なり使用域についての規定を成分の形で加えることによって一応は解決できよう。しかし、一方日常的な語の中にはどのような成分を立ててよいか必ずしも十分明らかでないような場合も多くある。例えば、ふつう走るのは歩くより速いから、「走ル」という語の意味成分として〈速い〉というのを立ててもよいであろうか。しかし、実際には競歩の場合のように〈歩く〉方が〈走る〉ことよりも速いこともあるのであるから、「走ル」に対して〈速い〉を指定するのは不適当ということになる。抽象的な意味分野に属する語になると、語義の不確定さはもっとふつうになるから、明確な成分の形で意味を表示するのは当然容易ではなくなる。

最後にもう一つ、この種の方法の限界として考えておくべきことがある。例えば「チチ」と「男性デ自己ヨリ一世代上ノ直系親族」という表現とは、因数分解して成分で表わすと同一になる。しかし、この二つの表現が同じように使えるかというともちろんそうは行かない。「チチニ叱ラレタ」と言うのは自然であるが、「男性デ自己ヨリ一世代上ノ直系親族ニ叱ラレタ」などと言うことはまずないであろう。

6 語結合

本章のこれまでの議論では、語の意味を構成する成分にどれぐらい共通のものがあるかという

名詞（主語）		+	動詞（述語）
人	ガ		走ル
人	ガ		歩ク
車	ガ		走ル
×車	ガ		歩ク
×石	ガ		走ル
×石	ガ		歩ク
寒気	ガ		走ル
×寒気	ガ		歩ク

観点から意味の類似性という問題を考えて来た。この観点からすると、例えば「乗物」と「自動車」の間には一方が包摂語、他方が被包摂語という関係で意味の類似性があるとか、あるいは「走ル」と「歩ク」は〈移動する〉という限りにおいて意味の類似性があるというようなことが言えるわけである。

しかし、意味の類似性ということをもう少し広い意味にとって、いくらか違う観点から取りあげてみることもできる。例えば、一方で「自動車」、他方で「走ル」と「歩ク」という語を考えてみると、「自動車ガ走ル」というような結合はできるが、「自動車ガ歩ク」というような結合はふつうは言えない。つまり、「自動車」と「走ル」という語の間には何か呼応し合うところがあるという意味である種の関連性があり、それは「自動車」と「歩ク」という語の間には欠けているというふうに考えることができるのである。

この種の問題は、文法で「一致」とか「呼応」(agreement, concord)と言っている現象といくらか似たところがある。例えば英語では三人称単数の主語であれば、述語動詞には -(e)s をつけなくてはいけないという決まりがある。他のもっと語尾変化の多い言語であれば、さらに性とか格に関しての一致というようなことが要求されることもある。これらは語と語が結合する段階で、ある語とある語の間には文法的に特別の関係があるということの表示であるが、意味の面においても、ある語はある語と特別の関係を持つが別の語とはそうでもないというようなことが起こるわけである。

もう少し別な視点から説明してみよう。日本語では「名詞（主語）＋動詞（述語）」という文型はごくふつうであるが、「動詞（述語）＋名詞（主語）」のような文型は特殊な場合だけに限られる。しかし、それでは「名詞（主語）＋動詞（述語）」という文型に合ってさえいれば、どのような表現でも日本語として通用するかと言うとそうは行かない。「走ル」と「歩ク」という二つの動詞だけを取りあげてみても、「人」という語にはどちらもつくが、「車」には「走ル」しかつかない。「石」のような語にはどちらも駄目である。そうかと思うと「寒気ガ走ル」というような表現もある。しかし、「寒気ガ歩ク」とは言わない。

この種の問題は「語結合」（collocation）と呼ばれることがあるが、すぐ分かる通り、語結合の問題は文法よりはずっときめの細かい問題である。同じように「名詞（主語）＋動詞（述語）」という文型をとっていながら、日本語として通用する文と通用しない文とがあるのである。しかもすぐ前で挙げた「走ル」と「歩ク」の例からも想像がつく通り、どういう結合の表現が可能でどういうものが可能でないかということに関して一般的な規則を立てるのは、きわめて困難なことのように思える。

一方の極端をとってみると、ある言い方はできるがある言い方はできないということに対して、その理由を挙げて説明できるという場合もある。例えば、「男ガ子供ヲ叱ッタ」はよいが、全く同じ文型でも「男ガ子供ヲ生ンダ」というのはおかしいというような場合である。後者の文がおかしいと感じられるのは、現実の世界において男性は子供を生む機能を有しないという生物学的な条件がそのまま言語表現に反映されたからにすぎない。

もう一つの極端は、こういう言い方しかしないのだから、そういう言い方はしないのだというような形でしか説明が与えられない場合である。例えば、辞書で調べることを「辞書ヲ引ク」と言い、「引ク」と似た意味の「引ッパル」を置きかえて「辞書ヲ引ッパル」と言っても同じ意味にならないのはなぜかというようなことである。もともとは「引ク」という語の何らかの意味と「辞書」の間に何らかの呼応関係があったのかも知れないが、少くとも現在「引ク」という語の持っているどの意味をとってみても、「辞書」という語の意味と有機的に結びつきそうなものは見当らない。

この二つの極端の間に、ある程度言語の問題として有意義な規定のできる場合が存在する。例えば、日本語の「イル」と「アル」の区別である。同じように存在を表わしていても、「人ガイル」と「物ガアル」のように日本語では「イル」と「アル」を使い分ける。英語ならば、どちらも be 動詞を使って区別しないところである。「イル」と「アル」の区別は、人間や動物なら「イル」、それ以外のものなら「アル」というふうに対象そのものの性質によって機械的に決まるとは言えない。例えば「タクシーガイル」とも言うし、「タクシーガアル」とも言うからである。問題はむしろ話し手が対象をどのように捉えるかによっているようである。そういう観点からすると、「イル」は話し手がその対象を自ら何かをなしうる力を備えているもの（言うまでもなく、その典型的なものは人間である）として捉えている場合に予想される形であり、一方「アル」は対象がそのような力を有しない単なる存在物として措定されている時に用いられるというような原則が立てられよう。「タクシーガイル」と言う場合は、それを走らせる運転手が中にいるということが想定された上のことであろう。それに対し、乗り逃げされたタクシーがどこか人気のない所でたまたま見つかったような場合は「アッ、アソコニタクシーガアル」と言うであろう。

このように結合の際の条件が問題になるのは、別に名詞と動詞の間ばかりとは限らない。修飾語と被修飾語という関係で結びつく形容詞と名詞の面でも、しばしばそういうことが問題になる。例えば、「麗シイ」とか「カワイイ」という形容詞はどんな名詞でも修飾できるとは限らない。「麗シイ乙女」はよいけれども、「麗シイ男（オノコ）」などという言い方はふつうの場面では使われそうもない。人間に関する限り、「麗シイ」は女性を表わす語と結びつくのがふつうである。「カワイイ」という語も幼児に適用される場合は性別を問わないけれども、成年者の場合でも女性に限らず、男性について言うのも広がってきたようである。

語によっては、結合の可能な範囲がもっと狭く限定されるものもある。例えば「イナナク」という語である。この語で表わされる行為の主体となりうるのは〈馬〉に限られている。もっと狭いものと言えば、少し古めかしい表現であるが「行幸」というような言葉が考えられる。これは本来〈天皇〉だけについて用いられた語である。これと並んで「行啓」という語もあったが、こちらの方は〈皇后〉あるいはその他の〈皇族〉について用いられる表現であったとのことである。

語にはこのように、どういう意味範囲の他の語と結びつきうるかということが習慣として決まっていると考えられる。このような決まりを語の「（意味的な）選択制限」（selection restriction）と呼ぶことがある。一方では選択制限の幅のかなり広い語（「アル」など）もあるし、他方では大変狭い語（「行幸」など）もあるというのは、すでに見た通りである。

一般論として、語の選択制限はどれぐらい狭いものが可能かというのも面白い問題である。「イナナク」の場合の〈馬〉、「行幸」の場合の〈天皇〉というのも確かにかなり狭い選択制限には違いないが、理論的にはもっと狭いものを考えることが可能である。例えば特定の一頭の馬だけについて用いる語とか、現在の天皇だけについて用いる語といったような場合である。

しかし、そのような細分化の傾向に対しては、言語の機能という点からある段階で歯止めがかけられるであろうと思われる。もし、同じように〈歩く〉という行為をしていても個々のすべての人間に対してそれぞれ異なった形の動詞が使われたり、さらにそれが〈歩く〉ということだけでなく、人間のあらゆるすること、なすことについても同じような状況が生じ、その上、人間以外のあらゆる生物、無生物についても同じ状況が拡がって行ったとしたら、その言語の語数は無限になり、人間としての話し手の記憶力の範囲をはるかに越え、もはや伝達の手段としての機能を十分果さなくなることは明らかであろう。通常の言語は、ある範囲のものに関しては、ある程度の差異が存在していてもそれを〈同じ〉と判定し、同一の語で指すという仕組になっている。それによって、千差万別の対象世界はある程度操作可能な単位から成るものとしてまとめあげられているのである。

逆に言えば、もしある言語で選択制限のきわめて狭い語があったとすると、その語の適用対象はその言語の話し手たちにとって何らかの特別の意義を持っているのではないかと考えることができる。例えば、ある特定の動物が迷信的な崇拝の対象になっているような社会では、その動物に関して語る時だけに使われる特別な言葉があったとしても不思議ではない。先程例として挙げた「行幸」などという表現の場合も、同じような事情が反映していたと考えることができるし、またそういう事情が消滅した後では、そのような語が廃用化するのもごく自然なことである。

7 意味の重複と矛盾

おどけた表現に「馬カラ落チテ落馬シテ」というのがある。同じことをいかにも違うかのごとく表現を変えて繰返してみせているところにおかしさが生じるわけである。しかし、いずれにせよ、(人について言う場合なら)「馬カラ落チル」の意味と「落馬スル」の意味は同じであるから、意味の「重複」(redundancy)ということが起こる。

一方、英語にblack swanという表現がある。この表現は英語として特に抵抗のある表現ではないけれども、これを日本語に直して「黒イ白鳥」とすると何となくぎこちない表現に感じられる。すでに取扱った通り、「黒」と「白」は反意語で共通の尺度に関して正反対の極にそれぞれ位置しており、意味的にたがいに相容れない。そのような意味の上での「矛盾」(contradiction)が意識されるわけである。

すぐ見当がつく通り、ここで言う意味の「重複」と「矛盾」はそれぞれ「同義性」ということと「反意性」ということに深い関係がある。つまり、原則的に言えば、同義的な表現が結合されれば意味的に重複した表現になるし、反意的な表現が結合されると意味的に矛盾した表現が生じるわけである。

意味の重複という問題の方にもう一度立戻って考えると、先程の「馬カラ落チテ落馬シテ」という表現では、「馬」とか「落」という同一の文字が二度繰返されているということが重複の感じを強めているように思われる。しかし、意味的な重複が生じるためには、必ずしも同じ語(あるいは文字)が繰返されている必要はない。「男ノ少年」というような表現は明らかに意味的に重複していると感じられる。「少年」という語の意味は因数分解してみると、おおよそ〈人間〉+〈男性〉+〈若い〉というふうに表わせよう。ここに成分として含まれている〈男性〉という意味単位が、「男」という語に当然含まれている〈男性〉という同一の意味単位と重複すると感じられるのであろう。

しかし、一方、一見同一の意味成分が繰返されていると見えるのに、必ずしも重複を感じさせない場合もある。ついさっき、「少年」という語の意味成分の一つとして〈若い〉という単位を想定したが、「若イ少年」という言い方は必ずしも意味が重複しているとは感じさせない。せいぜい少年が若いということを特に強調している表現ととれる。全く同じことは「トシトッタ老人」というような表現についても言える。

「男ノ少年」と「若イ少年」とで、意味の重複度に差が感じられるのはどうしてであろうか。一つの重要な原因は、〈男〉という意味単位と〈若い〉という意味単位の間の性質の差であろう。反意性についての説明においてすでに見た通り、〈男〉の場合は第一のタイプの反意性で人間の性という次元の上で〈女〉と二者択一的な、きわめて明確な形で対立する。一方、〈若い〉の場合は第二のタイプの反意性で一応〈年とった〉と対立してはいるものの両者の間には絶対的な境界線はないし、次元全体を通じて段階的な推移があるだけである。したがって、「若イ」と言っても実は〈大変若い〉というような意味で特に強調がなされているのであるというような解釈も可能になる。〈男〉という意味単位の方にはそのような融通性はない。

これといくらか似た事情は次のような場合にも認められる。例えば「足デ歩ク」、「船デ航行スル」、「車デドライブスル」などといった表現は、多かれ少なかれ意味的に重複していると感じる。これは例えば「歩ク」という語の意味の中には、すでに〈足で〉という意味単位が含まれているからであると説明できる。しかし、このような表現も特定の修飾をつけて、例えば「一本足デ歩ク」、「帆船デ航行スル」、「新車デドライブスル」というふうに直すとごく自然な表現になる。これらの表現では、それぞれの動詞によって表わされる移動の際の可能な手段のうち、どの特定のものが用いられたかを述べているのであるから、情報として余分なものではないからである。

本来、当然意味的に重複する表現であり、また現に重複が感じられるのにもかかわらず、慣用的に確立している言い方というのがいくつかある。大体において修辞的な言い方であるが、「二度ト再ビ」とか、「マズ第一二」とか「信ジテ疑ワナイ」といったようなものがその例である。本来はおそらく強調のための表現であったのであろうが、現在ではその修辞性があまりに強く、むしろ陳腐な表現（cliché）として受取られることが多い。

この節のいちばん最初のところで、もっとも極端な重複性の場合として同じ語が繰返して用いられるという例を取りあげた。しかし、同じ語であっても意味がかなり分化してしまっているために、反覆されても意味の重複性が感じられなくなってしまっている慣用的な言い方もいくつかある。例えば「（チョット）見テミルヨ」などと言う場合である。「見ル」という語が相前後して二度繰返されているが、後者の方は〈試みる、試しにする〉というような意味になっているので直接の重複は起こらない。

同じことは「置イテオク」とか「ヤッテヤル」、「貰ッテモラウ」のような言い方についても言える。このような言い方では確かに意味は分化しているが、同じ音形で反覆されるというのは事実であるから、表現にやかましい人の中には避けようとする人もあるだろう。さらに進んで「問題ガ問題ダ」というような表現になると、意図的におかしさを狙った表現としか取られないであろう。二つの「問題」という語は確かに意味が分化してはいるが、今度の場合は先程の「見ル」とか「置ク」のような比較的軽い語でないために、語形上の重複がそれだけ強く意識されるのであろう。「(発車ノベルガ鳴リ、電車ノ)ドアガ閉マッタノデシマッタト思ッタ」などという言い方をする場合も同様である。

第三章
意味の曖昧さ

1　不確かさ

専門的な術語や特定目的のために作られた記号などの場合に較べると、日常言語の意味はしばしば曖昧であるということがよく言われる。このように意味が曖昧であるという場合、大きく分けて二つの場合がある。一つは語の意味そのものが明確でなく、どのあたりまでその語の適用範囲として許容されるのかが必ずしも明らかでない場合、もう一つは、一つの表現に関して二つ以上の別個の意味で解釈することが可能で、どちらとも決めかねるというような場合である。この二つの場合を区別して、前者を意味の「不確かさ」(vagueness)、後者を意味の「曖昧さ」(ambiguity) と呼ぶことがある。もちろん、この二つが同時に起こる場合もありうるわけである。

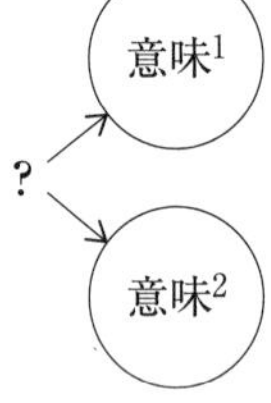

「曖昧さ」

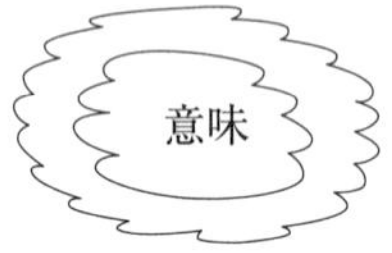

「不確かさ」

ここで言う意味の「不確かさ」というのはすでに述べた通り、意味の輪郭がぼやけているということである。言語の中には、もともとそのように漠然とした意味の語もいくつかある。例えば「両三年」とか「数年」などといった表現である。このような表現の表わす年数には程度の幅がある。

このようにもともと意味の不確かな語でなくとも、日本人はわざわざ意味をぼかして表現するのが好きである。郵便局で、人のよさそうなおばあさんと若い局員の間で次のような会話が交されるのを聞いたことがある。

おばあさん「五十円切手ヲ二・三枚下サイ」

窓口の局員「何枚ニシマショウカ」

おばあさん「二・三枚デ結構デス」

窓口の局員「二枚カ三枚カ、オッシャッテ下サイヨー」

正確な業務を期待される場面で郵便局員が悲鳴をあげたのは十分同情できるが、われわれ日本人の会話にはこの種の表現が知らず知らずのうちに随分と使われている。「ソコマデ」と言う代りに「ソノアタリマデ」、「ココデ」の代りに「コノ辺デ」、「三冊」の代りに「三冊ホド」といった表現が絶えず出てくる。このような言葉使いの癖は、外国語を使う場合にまでも持ち込まれる。

英語のような言語ではそのようにことさらぼやかした言い方をするのは異質的であるが、日本人の英語では、about〈ほど〉、or so〈ほど〉、maybe〈多分〉、seem〈ようである〉、nothing in particular〈別に何も〉などの表現が使われる頻度が異常に高いように思われる。一九三〇年代に日本で経済学を講じたドイツの学者クルト・ジンガー（Kurt Singer: 1886–1962）は、後に出版された日本の印象記『鏡と剣と宝石』（*Mirror, Sword and Jewel*）（一九七三。翻訳は鯖田豊之訳『三種の神器』講談社、一九九四）の中で、「日本人の心にとっては、純粋な輝き、あらゆるものに明晰さと明確さを押しつける目もくらむばかりの光ほど異質的なものはない」（五二頁）と述べている。

この種の意味の不確かな表現は、一方では相手に何か確約を与えたくないというような場合には便利である。政治家はこの種の言葉を使うのが好きである。「民主主義ノルールニ従ッテ」などと言う時、そのルールの具体的な内容はほとんど恣意的に規定することができる。「前向キ」というのも日本の政治家の好きな言葉の一つである。「前向キノ姿勢デ検討シマス」と言われれば、「現在ノトコロ実現ノ見込ミハアリマセン」と言われたのとまずは同じである。このような表現が直訳的に外国語に移されると、しばしば解釈に食い違いが生じて政治問題になることもある。沖縄返還の時期について「両三年内ニ」合意するという討議の「両三年」をめぐって、日米間で諒解の上で差があるのではないかというような問題が起きたことが想起される。

いろいろな専門分野にはそれぞれ「術語」というものがあり、そのような語はそれぞれの専門分野での必要に合うように一応厳密な規定が与えられているのが原則である。しかし、そのような術語の対象となるもの自体は必ずしも術語通りに明確に分割された形で存在しているとは限らない。ある観点から見るとある術語の規定を満たすが、別の観点からすると今度はまた別の術語の規定を満たすというようなことも起こることがあり、その結果、術語自体の定義は明確であっても、実際にそれを適用する段になるとどの範囲の対象に妥当するかが確実に決められなくて、そのため語の意味自体が不確かだと思われるような場合もある。例えば「野菜」と「果物」の区別である。ほうれん草が「野菜」でりんごが「果物」であるのは間違いないであろうし、きゅうりが「野菜」、いちごが「果物」というのもまず大丈夫であろう。しかし、トマトはどうであろうか。「野菜」のようなところもあるし、「果物」のようなところもある。

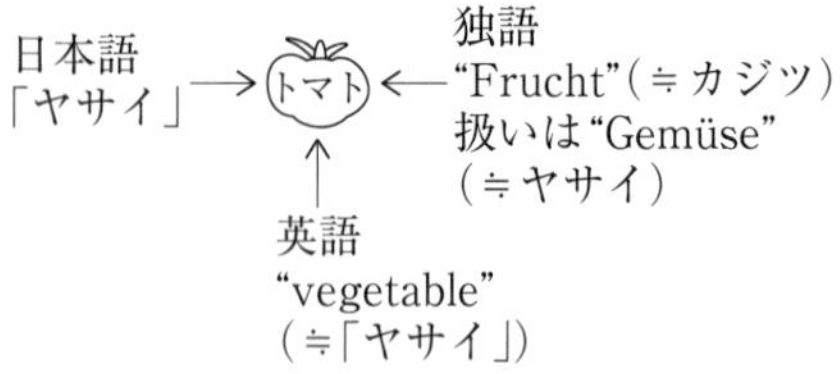

事実、これはかつて法律上の問題になったことがあり、裁判所はトマトを「野菜」と認定する判決を下したとのことである。そのようなわけであるから、別の言語でトマトが「野菜」でなく「果物」と分類されていても不思議ではない。英語ではトマトは日本語と同じく「野菜」であるが、ドイツ語では「果実」とされる。同じ「瓜（うり）科」に属していても「胡瓜（きゅうり）」は「野菜」、「西瓜（すいか）」は「果物」扱いであること、いわゆる「八百屋（やおや）」は「果物屋」に対して常に「野菜」ばかりを売っているとは限らず、場所によっては「野菜」と「果

物」の両方を軒下に並べていることもあわせて考えてみると面白い。

この種の区別の判断にも、場合によって政治的な考慮の入ることもある。例えば東京の新宿駅の西口のあたりの地域は、最初「西口広場」と呼びならわされていた。ところが都の条令で「広場」においては集会を開くことができるが、「通路」においては許されないという決まりがあるので、この西口広場では政治的な集会が行なわれても排除できないということになった。このため、ある時点以降、この西口「広場」は「通路」であるという認定が下され、自由な集会は許されなくなったのである。現実の新宿駅の西口広場は、すべての駅前広場がそうであるように、「広場」としての面も、通路としての面も確かに持っており、いわば都合のよいように法律的な認定が下されたわけである。

2 意味の曖昧さ(1)——同音性

意味の曖昧さ、つまり、同一の表現が二つ以上の別の意味にとれるという場合の一つは、本来別の表現であるものがたまたま同じ音形をとっているという場合である。このような場合は「同音性」(homonymy)と呼ばれる。日本語ではこの種の語は意外に多いものである。辞書を見れば、「コーコー」と発音される語は二十ぐらいは集められる。しかし、「意味」の問題との関連ということで言えば、たまたま形が同じであるというばかりでなく、意味の上からも関連性があるために同じ場面で用いられる可能性があり、そのため曖昧さの生じる可能性がある同音語というのがいちばん問題である。例えば「カガク」（「科学」、「化学」）や「シリツ」（「私立」、「市立」）などはその典型的な場合である。「バケガク」とか「ワタクシリツ」や「イチリツ」といったような読み方がされるのも、もちろんそのような曖昧さを避けるためである。ラジオやテレビのニュースで「シアン（試案）、ココロミノアン」などという言いかえをするのも、同じ「シアン（私案）」と区別をするためである。その他、「ソウゾウ」（「想像」と「創造」）、「フジン」（「婦人」と「夫人」）なども、場合によってはまぎらわしい。何音節もある長い語であれば、他の別語と全く同音であるという可能性は少なくなるが、逆に一音節だけの語であると同音語がいくつもある可能性がある。例えば「オ」とか「ノ」と言うだけでは何が意図されているかは見当つかない。「尾」とか「野」という語は書き言葉として使う場合はよいが、話し言葉としては何となく使いにくい。意図している意味に間違いなく受取られるかどうかに関して、自信が持てないからであろう。話し言葉としては「尾」の代りに「尻尾（シッポ）」、「野」の代りに「野原」というような語が選ばれるのもそのためである。そのような観点から考えてみると、本来一音節の語の代りにもう少し長い語が話し言葉では好んで使われるということがよくある。「ハ（葉）」の代りに「ハッパ（葉っぱ）」、「ネ（根・値）」の代りに「ネッコ（根っこ）」とか「ネダン（値段）」、

「コ（子）」の代りに「コドモ（子供）」、「ゴ（語）」の代りに「タンゴ（単語）」などと言ったりするし、「ケ（毛）」の代りに「カミノケ（髪の毛）」などという表現を使うのも同じような心理からであろう。

大人と較べると子供は言語の習得の度合が不十分であるために、大人ならば同音語とは思わないようなものまで誤って同音語として捉えてしまうというようなことがある。例えば母親が「ビヨーインへ行ってくるから、おりこうにしていてね」と言うと、子供がとても心配そうな顔をする。どうしたのかと思うと、「ビヨーイン」（美容院）を「ビョーイン」（病院）と取りまちがえていたのである。あるいはハンバーグを食べていた子供が急に深刻な顔をして「アレ、変ダナ」と言う。どうしたか聞いてみると、「ダッテ、『ハンバーグ』ハ『ハンドバッグ』ト似テイルネ。変ダナア」というわけである。

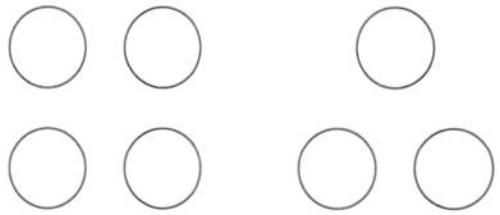

「サンビカ」　「ヨンビカ」

最後の例からも分かる通り、子供には「語形」が似ているなら「語義」も似ているはずだという素朴な気持がある。このことから、大人ならば偶然同音語になっているにすぎない（つまり、語としては別の語である）ということが分かっているような場合にも、子供だと誤って同一語であるというように解してしまうということも起こる。例えば、教会の日曜学校へ行き始めた子供がある日突然「『サンビカ』ノ絵ヲカクヨ」と言った。どんな絵をかくのかと思っていると、丸を三つかいて「サンビカ」だと言う。そして次に丸を四つかいて

「オーケストラ」　「チューケストラ」「ショーケストラ」

「コレハ『ヨンビカ』。『サンビカ』ヨリムツカシイヨ」と言うのである。大人ならば「サンビカ」の「サン（讃）」と数字の「サン（3）」が別語であること（つまり、偶然の同音語どうしにすぎないこと）は十分承知している。しかし、子供たちにはそうも行かないのである。同じようにして、子供は「オーケストラ」という語があるなら、中編成の「チューケストラ」や小編成の「ショーケストラ」があってもよいと思う。多くの子供にとっては、「ユーラン（遊覧）バス」はユラユラするからであり、「ブランコ」はブラブラするからそのような名を与えられているのである。

　言語に関して子供たちと似たような立場にあるのは外国人である。外国人として自分の母国語以外のある言語を学ぶ場合、多かれ少なかれその言語の習得度は不十分な段階にとどまらざるを得ない。そのため、先程の子供の場合と同じように、母国語の話し手なら同音語にすぎないと分かっているような場合にも、同一語だと思い込んでしまうというようなことがよくある。例えば、日本語をほんの少し知っている多くの外国人は、「フ

「帰ッテミレバコワイカニ」

「山田サン」

「富士サン」

ジサン（富士山）」の「サン」は「山田サン」などと言う場合の敬称の「サン」と同じであると思ったりするようである。そして、日本人は富士山を敬愛しているから人間に対して用いるはずの敬称を山に対して用いているのだなどと考えるのである。

本来別の表現であるものがたまたま同じ発音になるということが起こるのは、別に語や語の構成部分に関してだけではない。文のレベルについてもありうることである。お寺の玄関で「ココデハキモノヲヌイデクダサイ」という掲示を見て、「履き物」を脱ぐのを「着物」を脱ぐと読み違えて驚いてそのまま立去ったというような話がある。この種の間違いも子供には起こりやすい。幼い頃歌詞の意味が十分分からないまま歌を歌っていた時、後から考えてみるとんでもないところに語の切れ目があると思い込んでいたというような記憶は誰にでもあるはずである。例えば浦島太郎の歌で浦島太郎が故郷に戻って来たあたりのところに「帰ッテミレバコワイカニ」という歌詞がある。「コハ如何《いか》ニ」（〈これはどういうことか〉）というのは古めかしい文語的な言い方であるから、子供にはよく分からない。そこでこれを自分なりに解釈して、家に戻って来てみたところが「怖イ蟹」が待ちかまえていたなどと想像するのである。あるいは「山ノアナタ

「glǽdli ðə krɔ́s áid bɛ́ə」

「山ノアナタニウスガスミ」

ニウスガスミ」というような歌詞がある。「ウスガスミ（薄霞）」という言葉も子供にとってはいささか難しいから、子供はこれを自分なりに直して「臼ガ住ミ」と考える。

　この種の経験はもちろん日本語の場合に限られるわけではない。あるイギリス人の友達が次のような自分の経験を話してくれた。ある讃美歌の歌詞に‘Gladly the cross I'd bear’〈われ喜んで十字架を背負わん〉というのがある。彼は幼い頃この歌詞を全然違ったふうにとっていた。それは‘Gladly, the cross-eyed bear’〈やぶにらみの熊さんのグラッドリーは〉というのである。原句のcross I'dというところがcross-eyedという一語と解され、それに伴なって〈背負う〉のbearが〈熊〉のbearに、副詞のGladlyが固有名詞でその熊の名前だというふうに想像したわけである。

　このような読み違えは、大きくなってから考えてみるといかにもこっけいに感じられる。しかし、たいていの場合は、自分で勝手な読み方をしながらも、何となくわれながら少しおかしいと感じていたという記憶も一緒によみがえってくる。そこの部分だけがその前後から浮上ってしまって、どうもうまく続かないという意識である。

しかし、幼い時の言語能力ではそれ以上はどうしようもないままに打ち過ぎ、やがて正しい解釈が与えられるようになれば記憶の奥底に沈んでしまうのである。

3　意味の曖昧さ(2)——多義性

意味の曖昧さの生じる二番目の場合は、「多義性」(polysemy)と言われる場合である。これは簡単に言えば一つの語が二つ以上の意味を有している場合である。例えば、「先生」という語は〈学校で教えている人〉ということもあるし、〈医者〉や〈議員〉などといったこともある。

一つの語に二つ以上の意味があるということは、日常の言語ではまったくふつうのことである。辞書を見れば分かるように、日常ふつうに使われる語にはたいていいくつかの意味があるものである。しかも、よく使われる語ほど多くの意味があるように見える。その意味で、語が用いられる頻度と意味の数にはある種の相関関係があると考える人もいる。一方、学問や技術関係の専門分野で用いられる「術語」はこの点で対照的である。これらの分野では当然表現の厳密さということが求められるから、一つの語が二つ以上の意味をもっているというようなことは意図的に避けられるのである。

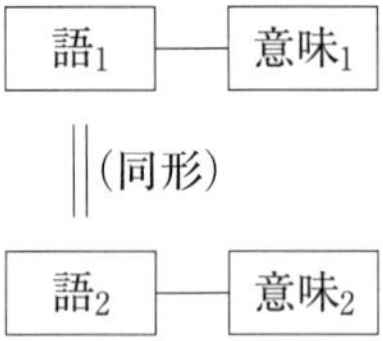

同音語

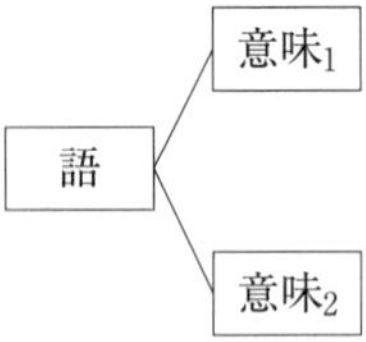

多義語

「多義性」という場合、それぞれの意味の間には何らかの形で関連性が感じられるのがふつうである。先程の「先生」に関して挙げた三つの意味の場合も、敬意を払うべき人といったような感じで何か共通のものがある。その種の関連性がどの程度感じられるかは個々の場合によってきわめてまちまちである。最近はほとんど見かけなくなって来たが、「勉強スル」とか「大勉強」といった表現を特に値引きして安売りするという意味で使うこともある。ふつうの〈勉学〉という意味とこのような〈安売り〉という意味はその現われる場面が随分かけ離れているように思えるが、それでも一生けんめい努力するといったような感じでは共通するところがある。

「多義性」の興味ある一つの場合は、このような意味と意味の間の関連性が極度に薄れてしまったような場合である。例えば、「自決」という語には〈自分の手で自分の命を絶つ〉ということと「民族自決」などという場合のように〈（民族の運命を）自ら投票などで決める〉というような場合の用い方がある。いずれの場合にも確かに〈自分で決める〉という意味では共通の部分があるわけであるが、二つの意味が現われる場面があまりにもかけ離れているために、何となくしっくりしないものが感じられる。

時には、二つの意味がほとんど正反対ではないかと思わせるようなこともある。例えば「謝意」という語を辞書で見ると、〈お礼〉という意味と〈お詫び〉という意味の二つが挙げられている。お礼を言うのとお詫びを言うのとは、大変な違いである。英語で言うならば前者は'Thank you'後者は'I am sorry'ということになって両者は全く別の範疇に入ってしまう。そのように違った意味が「謝意」という語に一見結びついているように思える。しかし、われわれ日本人としての心性を反省してみると、そこでは〈お礼〉の気持と〈お詫び〉の気持がごく自然に結びついているということが分かる。相手に好意でもって何かをして貰うということは、相手にそれだけ迷惑をかけたことになるというのが日本人の論理であろう。この気持はもっと口語的な「すみません」という表現にもよく表われている。これも、ある一つの意味分野が他の意味分野とどれぐらい近いか、あるいは離れているかということは、言語によって相対的に変りうるということの例である。

「多義性」が伝達に関していちばん問題になってくるのは、相当度にかけはなれた意味でありながら同一の場面でいずれも通用するというような場合である。例えば、「オカシイ」という語には〈面白い〉と〈変な〉という意味がある。どちらかと言えば、前者にはよい意味合い、後者には悪い意味合いが含まれるから、「オカシイ奴ダ」というような表現は話し手の表情なり口調なりといった手がかりがないと、どちらの意味のつもりなのか分からないこともある。相手の意向を確かめるための質問に対して「イイヨ」とか「イイワ」といった表現が使われる場合も同じである。「手伝ッテモカマイマセンカ」に対して「イイワ」という答えでは、'Yes'のつもりなのか、'No'のつもりなのか、一瞬とまどうこともある。

4　同音性と多義性

意味の曖昧さが生じる場合として、同音語の場合と多義語の場合を区別して論じて来たけれども、ある意味ではこの二つの場合は本質的にそう変らない面を持っている。つまり、両者に共通しているのは同一の語形が二つ以上の意味を持っているということである。ただ、同音語の場合はその語形がたまたま別の語であるのに対し、多義語の場合はそれが同一の語であるというだけの違いである。

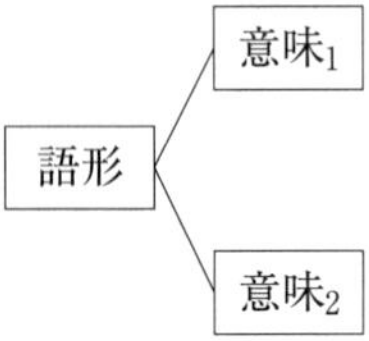

常識的に言えば、同音語の場合は本来別の語であるから、それぞれの意味はおたがいにかなりはっきり違っていると期待されるし、一方、多義語の場合は、あくまで同一語と結びついた意味であるから、異なるといってもそれほど大きな違いはあるまいと思われる。しかし、実際には、このような予想は必ずしも当たらない。

まず、比較的われわれに馴じみが薄いものということで外国語の例で考えてみよう。次頁に一つの語形と結びついている二つの意味を挙げてみるが、そのうちどれが同音語の場合で、どれが多義語の場合であるか見当がつけられるであろうか。辞書によれば、このうち、plant, right, table, templeが多義語、ballとpoleが同音語ということである。

辞書で同音語と多義語の区別に用いている基準は、ほとんどの場合が語源、つまり、その語が歴史的に同じ語であったかどうかということである。もし、もともと同じ語であれば、それは多義語の場合であり、違った語であれば同音語の場合ということになる。この基準は一応客観的な判定の根拠を与えてくれる。しかし、一方では語の意味変化は時として思わぬ方向に進んで行くということがある。このような場合、新しく出て来た意味が結果的にはその語の原義から遥かに遠ざかった所まで行ってしまうということも起こる。そのため、歴史的には同音語であるものの方が、本来多義語であるものより意味の差が少ないというようなことも起こってくる。例えば、すでに見た「科学」と「化学」（同音語の場合）と「謝意」の二つの意味（多義語の場合）を比較しても明らかであろう。しかし、そうかと言って、一方、現在の話し手が感じる意味の差ということを基準にして、差の大きいものを「同音語」、小さいものを「多義語」とするのも困難である。なぜなら、意味の差の程度は差の大きいものから小さいものまで無

ball ＜ 〈ボール〉 〈舞踏会〉
plant ＜ 〈工場〉 〈植物〉
pole ＜ 〈棒〉 〈極〉
right ＜ 〈権利〉 〈右〉
table ＜ 〈テーブル〉 〈表〉
temple ＜ 〈寺院〉 〈こめかみ〉

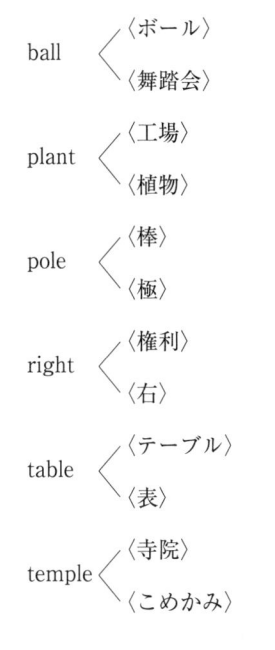

限の差があるからで、結局、同音語と多義語の間には明確な線を引き難いというのが実状であると思われる。

5　文のレベルでの多義性

一つの表現の意味がいくつもに取れるということは、別に語のレベルに限ったことではない。個々の語の意味は一応はっきりとしているようでも、文全体としては必ずしも一義的に決まらないということもある。

例えば「ボクハウナギダ」という文の意味を考えてみよう。この表現は、日本語が「非論理的」な言い方をするというのでよく引き合いに出される例である。つまり、この表現は英語に訳してみると'I am an eel'ということになって、自分がうなぎであることを言っている文である。ところが、日本語ではこれを例えばレストランでうなぎを注文する時に使うから筋が通らないと言うのである。

このような主張が正当であるかどうかを考える前に、まず、この表現はうなぎを注文する場合以外にもいろいろと使われるということに注意しておこう。例えば魚釣りをしていて自分が釣ったのはうなぎだというような場合にも、このような言い方を使うことができる。その他、自分の好きなもの、自分が描いた絵、自分の見つけたもの、自分が賞品として貰ったもの、その他実にさまざまな場合に「ボクハウナギダ」という言い方が出てくる。非常に一般化して言うと、「ボクハウナギダ」という表現は〈ぼく〉と〈うなぎ〉との間にある種の特別の関係があるということを述べているだけで、その特別な関係が何であるかは、この文が用いられる具体的なコンテクストによって決まってくると言うことができる。前に「曖昧さ」ということと「不確かさ」ということを区別したが、その区別に関連して言えば、「ボクハウナギダ」という表現は無限に近い曖昧さを許容するという意味で、意味的にその輪郭のはっきりしない不確かな表現であるという面があるわけである。一応以上のことを頭の中においた上で、もう少し一般的な観点から問題を整理してみよう。

一般に、日本語の「XハYデアル」という表現、あるいは一見それに対応すると思われる英語の'X is Y'という表現には、少なくとも三つの型の意味を区別しておくことが必要である。まず第一は、例えば「コノ人ハ私ノ父デス」とか「窓ヲ壊シタノハ太郎デス」と言うような場合である。このような場合に述べられているのは、ある特定の人物がある特定の人物と同一であるということの認定である。このような使い方を「同定」(identification)と呼ぶことにしよう。「同定」は、言わばX＝Yという数学的な公式が一番典型的に適用できる場合である。

第二は、例えば「コノ子ハ男デス」とか「太郎ハ学生デス」などと言う場合である。このような場合は〈この子〉や〈太郎〉が何か特定の男なり学生なりと同一であることが認定されているわけではない。そうではなくて、〈この子〉や〈太郎〉が男であるとか、学生であるとかいう属性を有しているということが述べられているわけである。このような場合を「属性」（attribute）を表わしている場合と呼ぶことにする。

第三の型は、例えば先程の「ボクハウナギダ」をうなぎを注文するというような場面で用いる場合である。何人かの女の子の写真を見て「ボクハアノ女ノ子ダ」というような表現で自分の好みを示す場合も同じ型の使い方である。このような場合の〈ぼく〉と〈うなぎ〉、〈ぼく〉と〈あの女の子〉の間の関係はもちろん「同定」ではないし、また〈ぼく〉の「属性」を言っているわけでもない。述べられているのは〈ぼく〉とそれらの対象の間に、ある特別の密接な関係が存在しているということであり、その特別な関係とは具体的には前者では注文、後者では好みということである。このような場合を総称して「近接」（contiguity）を表わす場合と呼ぶことにする。（「近接」という術語については、後に意味変化を扱うところで、もっと詳しく取りあげる。）「同定」、「属性」、「近接」という三つの場合が意味的に異なったものであるということは明らかであろう。三つを較べてみると、関係する二つの項XとYが特定のものを指すか、そうでないかに関してそれぞれ違いがある。まず、第一の「同定」の場合はその二つともが特定のものであることが必要である。「同定」の表現は、この二つの特定のものが実は指示物として同一であることを述べているわけである。第二の「属性」の場合は、Xに相当する部分は特定のものであってもなくてもよいが、Yに相当する部分は一般的なものであることが必要である。第三に「近接」の場合は、Xに関してもYに関しても、特定であるべきかどうかについての制限はない。

日本語の「XハYデアル」という構文は、この三つの異なった意味のいずれをも表わしうるわけであり、このような場合は語のレベルの場合の「同音語」と言うのに平行して「同音構文」と呼ばれることもある。

外国語を学んだり、論理学を勉強していたりすると、「XハYデアル」という構文を見るとすぐ「同定」の意味の場合を思いがちであるが、すでに挙げた三つの意味はそのどれをとってみても、この構文にはごく基本的なものである。それどころか、日本語ではむしろ「近接」の意味の方が一番基本的なものではないかと考えさせるような面もある。つまり、「デアル」という場合の「デ」は本来「ニテ」という形で〈において〉という意味を表わしたものであり、もともとは〈XがYという場所に存在すること〉、言いかえれば〈XとYの共在〉の関係を表わしたものである。(したがって、「XハYデアル」という構文は公式的には 'X IS Y' に対応するというより、'X IS WITH Y' というような意味合いのものである。)「共在」というのはつまり「近接」のことである。このように考えれば、日本語の「XハYデアル」という構文が広くさまざまな近接関係を表わしうるのはごく自然なことと言える。

一方、英語の 'X IS Y' というような表現はこれとは対照的である。この構文はその形から言っても「同定」の表現にもっともふさわしいものに思える。そのため、もともと「属性」の表現であっても、それを「同定」の意味で捉えようとすることもごく自然に起こってくる。例えば、'John is a father' というような表現を 'John' = 'father' と解釈するというような傾向である。少し考えれば分かる通り、〈ジョン〉という特定の指示物があるというのはよいとしても、〈父親〉という特定の指示物があるというのは明らかにおかしい。いくつかの生物的、社会的条件が満たされれば、〈父親である〉という属性は成立する。'John is a father' という表現の意味しているのは、ジョンがそのような属性を備えているということに他ならない。'X IS Y' ではなくてむしろ 'X IS WITH Y' という感じなのである。

「属性」の表現においてすでにこうであるから、「近接」の表現ともなれば 'X is Y' という形ではますますしっくり行かなくなるということは十分想像できるであろう。日本語の「ボクハウナギダ」という表現は「属性」にも「近接」にも自由に取れるが、英語の 'I am an eel' という表現は「属性」を述べているものとして取られるのがふつうである。

ただ、一つ注意しておくべきことは、英語の 'I am an eel' というような表現が決して「近接」の関係を表わさないかと言うと、そうでもないということである。実は日本語の「ボクハウナギダ」と同じように注文とか、その他自分の関心の対象を表わすような場面で用いられることも、あることはあるのである。(同じような使い方は、ドイツ語やフランス語の場合にも起こりうる。) しかし、英語 (あるいはドイツ語やフランス語) では、そのような使い方はきわめて口語的なレベルでだけ許されているものであり、日本語の「ボクハウナギダ」ほどの自由さは見られないのである。しかし、「同定」や「属性」の場合と同じ表現が英語でも限られた範囲ではあるが「近接」の表現として用いられるというのは興味深いことである。

一つ残る問題がある。英語の‘X is Y’という言い方は「近接」を表わすためにはあまり用いられないということを見たが、それでは英語のような言語で「近接」を表わす一番代表的な言い方は何であろうか。実はhaveという動詞がその役を果していると言えるような面がある。一口にhaveは〈所有〉を表わすと言うけれども、実際にはふつうの意味での〈所有〉というだけではとてもすべてを尽すことはできない。‘I have a book’のような一見単純な言い方からして、その本が自分のものであることもないこともあるし、またそれが自分の手に持たれていることも持たれていないこともあるというようにさまざまである。‘I have a house’となると、そのものはもはや自分の手に乗るようなものではなくなるし、‘I have a child’ともなれば、また関係は別のものになる。‘I have two arms’と言えば自分という全体に対してある部分に相当するものが問題になっており、両者の関係はきわめて密接であるが、‘I have a stain on my coat’〈私はコートに汚れがついている〉というような場合になると、二つのものの間の関係は全く偶然的なものでしかありえない。

トルストイの「ホルストメール」という小説の中では、主人公の馬の眼を通して人間の言う〈所有〉の概念がいかに奇妙なものであるかが面白く描かれている。主人公の馬は自分のまわりに自分のことを「私ノ馬」と呼んでいる人のいるのに気づく。ところが奇妙なことに、この人は自分に乗ることは一度もなく、実際に自分を乗り廻したり、自分に餌を与えたりしてくれるのはまったく別の人間なのである。同じように人間たちは住んだこともない家を「私ノ家」と称したり、行ったこともない土地を「私ノ土地」などと呼んだりしていることも観察される。そのような観察から、人間というものは単に言葉の上の操作だけで世界のすべてのものをいやしい私有本能によって争ってわが物としようとしているのであると主人公の馬は結論する。

〈所有〉ということの一番素朴なレベルでの現われ方が空間的に〈近接〉していることであるという点を考えれば、主人公の馬のとまどいには十分共感を持つことができよう。しかし、〈所有〉という概念は本来抽象的なものであるから空間的な〈近接〉という概念を離れて果てしなく拡がって行く可能性を蔵している。〈所有〉を表わすhaveという動詞の意味についても同様である。二つのものの間にある種の特別な関係があるという程度のところまで、一般化して行く可能性があるのである。

日本語		英語
BE WITH	〈同定〉	BE
BE WITH	〈属性〉	BE
BE WITH	〈近接〉	HAVE

「同定」、「属性」、「近接」の表現の代表的な型式を日本語と英語で較べてみると、日本語の方が「デアル」（つまり、BE WITH）を基本にしているのに対し、英語の方では「同定」と「属性」にはBE、「近接」にはHAVEが基本になっている。ここで注意しておきたいのは、〈近接〉の関係の表示については、日本語ではBE系統の動詞であるのに英語ではHAVEという別

系の動詞であるという対応である。BE と HAVE の交替に関してはまた後で改めて触れることにする。ここでは、〈近接〉の意味は不特定多数の異なる場合を包括するという意味で輪郭の「不確か」なものであるということを確認しておきたい。

6 意味とコンテクスト

前節では〈近接〉の関係の表現としての「ボクハウナギダ」は、自分がうなぎを注文した場合、釣った場合、描いた場合などさまざまの状況で使われる可能性があり、何が意図されているかは、その時の場面しだいであるというようなことを述べた。一般化して言えば、言葉の意味というのはそれが「不確か」なものであればある程、コンテクストの影響を多く受けると言うことができる。

これは二つの両極端の場合を取りあげて考えてみればよく分かる。まず言葉の意味がきわめて明確に規定されている場合として、学問的な術語を考えてみよう。例えば化学用語としての「水素」や「硫酸」の意味は化学記号の H や H_2SO_4 によって表わされる組成の物質ということであり、これはそれぞれの語が化学用語として使われている限りはどのようなコンテクストで用いられようと影響は受けない。これらの語は化学用語のコードによってその意味が厳密に規定されているからである。

一方、もう一つの極端として、日本語の使われている場面で例えば誰かが「ニト」というような語を使ったとしよう。「ニト」という音結合で表わされるような語は実は日常語のレベルには存在しない。しかし、誰かが日本語の発話の中で「ニト」という形をいかにも現存の語であるかのように使ったとしたら、聞き手の方はこれはたまたま自分の知らない語であると思うであろう。その時、聞き手がその語の意味を推定しようとするならばどうするかと言えば、結局、その語の使われている言語的なコンテクストとか場面から推しはかるより仕方がないわけである。「ニト」にはもともと日本語のコードによって規定されている意味がないのであるから、その意味は全面的にコンテクストに依存するということになる。

日常使われるふつうの語は、この二つの極端の間のさまざまな段階に位置していると考えてよい。そしてその意味の不確かさの度合に応じて、コンテクストへの依存度が大きくなるわけである。

語について言えることは文についても言える。「2タス2ハ4デアル」というような文の意味はコンテクストに対する自立性が高いであろうが、一方すでに見た「ボクハウナギダ」というような文の意味はコンテクストへの依存度が高い。いろいろな文がやはり完全な自立と完全な依存という二つの極端の間のさまざまな段階に位置づけられるのである。

このことはもちろん同じ一つの言語の中でのいろいろな文について言えることであるが、興味深いことは異なる言語を較べてみると、コンテクストからの自立度の高い表現をする傾向の言語と、コンテクストへの依存度の高い表現をする傾向の言語とがあるということである。身近なところでは、英語と日本語というのがそれぞれの例になる。

例えば眠そうな顔をしている子供に向って母親が'Are you sleepy?'とたずねる。日本語なら、おそらく「眠イ?」と言うだけであろう。英語では誰が眠いのかの〈誰が〉の部分は言語表現として明示されているけれども、日本語ではそれはコンテクストによって判断されるという形になっている。もちろん、英語でも'Sleepy?'と聞くことは可能である。しかし、英語としてのこのような表現は常に明らかに省略を含んだ表現だと感じられる。それに対し、日本語で「眠イ?」と言う場合は話し手の意識として省略的な表現をしているというような感じはない。これで日本語としてはごく自然なのである。逆にもし「オ前ハ眠イノカ」と言ったとすると、話し手の相手の様子に対する特別な関心といったものがさらにつけ加わっているような印象を受ける。

日本語は主語を省略するから「非論理的」であると言われることがある。しかし、例えば日本語の「眠イ?」のような表現はコンテクストによって〈誰が〉の部分が補なわれ、英語の'Are you sleepy?'という表現とまったく同じように伝達の役を十分果すわけであるから、「論理的」であるかどうかということは当らない。むしろ、言語のタイプとして「明示的」な表現を好む言語と「暗示的」な表現を好む言語とがあるということである。後者のタイプの言語では、表現は当然コンテクストへの依存度が高くなるわけである。

「私ノ娘ハ男デス」というような日本語の表現は、それだけを取りあげてみれば妙な表現に感じられる。矛盾した内容のことを述べたナンセンスな表現なのか、あるいはせいぜい自分の娘が男の子のような振舞いをするというような比喩的な表現であろうとも考えたくなる。しかし、日本語の「XハYデアル」という構文は「近接」の関係を表わすことが多いということを考慮すれば、この表現が自然に使われるコンテクストをいくつも考えることができる。実は、この表現は電車の中で中年の婦人が同じぐらいの年輩の婦人に向って結婚した自分の娘に生まれた子供について話しているという場面で使われたものである。このようなコンテクストでは、この一見「非論理的」な表現もまったく自然である。「私ノ娘ニ生マレタ子供ハ男デス」とでも言えば、同じことがもっとコンテクストから自立した形で伝えられるということになろうが、日本語ではそこに含まれる情報のかなりの部分を表現そのものよりもコンテクストに依存するという形をとっているのである。

「明示的」な表現と「暗示的」な表現という対立を別の面に求めてみると、前者は「科学の言葉」に特徴的であるし、一方、後者は「詩の言葉」にごくふつうに見られる特徴である。かつて芭蕉の作と言われた「松島ヤ　アア松島ヤ　松島ヤ」などは暗示的な表現で構成されている一つの極端な例であろう。いろいろな詩のジャンルの中でも俳句のようにその形式がきわめて短いものは、そこに最大限の豊富な意味を盛り込むためには表現は必然的に暗示的にならざるを得ないわけである。日本語はすでに見た通り、言語一般の性格からして暗示的な傾向があるから、俳句のような高度の暗示的な表現は言わばその本質に合っているわけである。しかし、例えば英語のように本来明示的な傾向の言語では、俳句のような言語使用へは必ずしも自然につながらないような面もあるのではないかと思われる。

例えば、左に挙げるのは芭蕉の有名な「閑カサヤ　岩ニシミ入ル　蟬《せみ》ノ声」という句の英訳（いずれも正式に出版されているもの）である。もとの芭蕉の句では、例えば上の句は「ヤ」といういわゆる「切れ字」によって以下の部分とは一応切断され、独立した形になっている。ところが英訳では「閑カサ」に相当する表現の部分に against〈～を背景にして〉とか then〈それから〉というような、いわばその部分を句の残りの部分と積極的に結びつける役をするような語が入れてある。これらの語の表わす意味は、原句では少なくとも明示されてはいない。さらに中の句は英訳ではそのどちらにも even〈～ですら〉という語が入っているのも興味深い。この結果、英訳の表現では〈（固い）岩ですら蟬の声がしみ込む〉というような論理的なつながり関係の説明が与えられているが、原句ではもちろんこのような説明的な表現はない。一般に翻訳の場合は原文よりもどちらかと言うと説明的になるのが通例であるし、また、今問題としている例の場合だと、もとの俳句の五・七・五調を音節の数で再現しようとする

Against profound silence
Even the rock is soaked by
The cicadas' screech.

Silent and still: then
Even sinking into the rocks,
The cicada's screech.

試み（二番目の英訳の場合）が入ったりするということもあるが、それにしても英語では何か論理的なつなぎを明示的にしないと表現が落着かないというようなことが、翻訳の場合にも自然に出て来ているのではないかと思わせる。

日本語の表現は「点の論理」に、一方、英語の表現は「線の論理」に基づいていると言われることがある（外山滋比古『日本語の論理』）。つまり、日本語の表現はいくつかのポイントを並置して提示するだけで、その間の関係は読み手に悟らせるという形をとる。それに対し、英語の場合だと、そのようなポイントの間の論理関係が明示され、いわば数珠玉に紐を通すような形でつながれるというのである。日本語の「点の論理」がもっとも典型的に表われたのが俳句であるとするならば、「線の論理」に基づく英語にそれを移しかえようとする際、論理関係を明示する語が補なわれるのもごく自然なことであると言えよう。

第四章
言葉の意味する部分と意味しない部分

1　意味を担う最小の単位

例えば、「ソラガアオイ」という表現があったとしよう。この表現を分割するとすれば、おそらく多くの人は「ソラガ」と「アオイ」にまず分けるであろう。そして「ソラガ」はさらに「ソラ」と「ガ」という二つの部分に分かれるとするであろう。結局、「ソラ」と「ガ」と「アオイ」という三つの単位が得られるわけである。これらの三つの単位はそれぞれそれなりの意味を持っている。

ところで「ソラ」をさらに「ソ」と「ラ」に分けたとしても、これらはもはやそれ自体意味を担っているような単位ではない。同じことは「アオイ」を「ア」と「オ」と「イ」に分けた場合についても言える。もちろん例えば「オ」が〈尾〉、「イ」が〈胃〉や〈井〉を意味することもある。しかし、このような場合は「オ」や「イ」がたまたまそれだけで独立して意味を担う単位として機能している場合で、「アオイ」という表現の構成単位として「オ」や「イ」がそのような意味を表わしているなどとは言えない。つまり、言語では意味を担う単位はそれ自体は何ら意味を担っていない単位によって構成されているわけである。

言語では意味を担う単位がそれ自体は何ら意味を担わない単位によって構成されているということは、実に大変重要な意義を持っている。それはその逆の場合を考えてみるとよく分かる。つまり、かりに「ア」とか「オ」とか「イ」といった単位がそれぞれ何か本来それ固有の意味を持っていたとしよう。そうすると、それらの結合によって出来た単位には自然とある特定の意味が決まってしまうわけである。ところが一方、「ア」とか「オ」といった単位は、どの言語でもそれ程多く用意されてはいない。せいぜい数十どまりである。あまり数が多くなれば、人間が異なるものとして知覚できる範囲を越えてしまうからである。しかし、数十ぐらいの一応基本的な意味を組合せて表わしうる範囲というのは決して非常に広いとは言えないし、また十分な正確さが期待できるようなものでもない。人間の思考範囲がどんどんと拡がって行くということを考えれば、そのような形の言語ではとうてい必要を満たせないのは明らかであろう。

幸いなことに、人間の言語はそのような構成にはなっていない。意味を担う単位を構成する単位はそれ自体には特別な意味がないのであるから、これから作り出された単位に対しては必要に応じて、任意の意味を付して行くことができるのである。しかも数十ぐらいの単位があれば、長ささえ問題にしないのならば、理論的には無限の数の意味を担う単位を作りあげることができるわけである。

人間の言語は話し言葉なら聴覚、書き言葉なら視覚にそれぞれ訴える形で構成されているが、聴覚や視覚は人間の知覚の中でももっとも発達しているものであることを考え合わせれば、このことにも重要な意義があるわけである。もしかりに人間の言語がそれ程発達していない知覚、例えば嗅覚に基づいて成り立っているとしたら、一体どのようなことが予想できるであろうか。嗅覚は人間ではかなり退化した知覚器官である。それ故、言語の意味を区別する単位としていくつかの異なる匂いを採用するにしても、それほど多くの異なる匂いを区別できるものとして用いるわけには行かない。どこで一つの匂いが始まり、どこで終るかということも当然曖昧にならざるを得ない。その上、匂いには人の好みが強く反映するから、ある匂いに対して全く自由に必要とする意味を付するということも思うままにはできなくなるであろう。そのようなわけであるから、嗅覚に基づく「言語」は、ある種の動物である種の特別な情報伝達（自己の居住領域の主張とか、蟻の場合のように食物への道の指示）の手段としては用いられても、人間における情報交換の手段としては、とうてい十分な機能を果しうるようなものではないわけである。

人間の言語では、それ自体意味のない単位の結合によって意味を担う単位が作られるという仕組になっていることを見た。ところで意味を担う単位として基本的なもの、つまり、もっともサイズの小さいものは何であろうか。ふつうは「語」と呼ばれるものがそれに当ると考えられている。例えば「ソラガアオイ」では「ソラ」と「ガ」と「アオイ」がそれに相当する。しかし、意味の基本単位になるものには、語より小さいものも、また語より大きいものもある。

例えば「御親切」というような表現は「御」と「親切」という部分に分けられる。このうち「親切」の方はそれなりの意味を持つ語であることには問題はないであろうが、「御」の方は確かにある意味は担っているが、それだけで「語」と言えるかどうかは疑わしい。この形は他の形について使われることはあっても、それ自体独立では用いられないからである。「静カサ」などの「サ」という形についても同じことが言える。これらは意味を持っているけれども、「語」であるとは言い難い。むしろ複合的な構成を持っている語を作るのに参加するという意味で、語より小さい単位である。英語のような言語では「接辞」と言われているような形（複数や所有格や三人称単数現在の -(e)s とか、-ly とか -ness といったたぐいのもの）が、それに相当する。

一方、語よりも大きい単位も全体として意味を担う基本的な単位になることもある。例えば「オ目ニカカル」というような表現である。この表現を構成する「オ」や「目」、「ニ」、「カカル」といった形はそれぞれそれなりの意味を持っているが、それらの意味をすべて集めてみたところで全体の意味にはならない。つまり、この場合は「オ目ニカカル」という表現全体が一つのまとまりとして〈(人に) 会う〉という意味を担っているわけである。この意味との関連では「目」や「カカル」がそれ自体本来持っている意味は、ほとんどその役割を果していない。同じように、英語の put up with という表現は全体として〈～に堪える〉というような意味を表わすが、この意味は put, up, with という三語の意味を足し合わせて得られるというようなものではない。このような表現は「イディオム」（idiom）と呼ばれる。

「イディオム」として分類される表現も、一度全体としてそのような意味であるとして受入れて使い慣れてしまえば別にどうということもないが、意識すると文字通りの意味と全体としての意味のずれが気になるものである。特に外国語として接する場合は、多かれ少なかれ言語そのものに対して意識的にならざるを得ないから、そのような経験をしがちである。例えば「オ目ニカカル」というイディオムは日本語を学んでいる外国人にとっては大変奇妙に感じられるようである。文字通りには〈目にぶらさがる〉の意味であるから、目にぶらさがられては重いばかりで困るのではないかというのが、そういう人たちの素朴な捉え方である。

「オ目ニカカル」というような言い方だと、日本人であってもどうしてそのような意味になるのかすぐには説明し難いような感じがする。少し考えれば、この場合の「目」は〈相手の視界〉のこと、「カカル」とは何かに〈関係する〉という意味だろうという程度のことは見当がつくかも知れない。それにしても、高度にイディオム化した表現であることは確かである。

このように高度にイディオム化した場合とイディオム化していないごくふつうの表現の間には、さまざまな段階がある。例えば「耳ヲ貸ス」というような言い方ももちろん文字通りのことが起こっては困るわけであるが、比喩として納得できる解釈を与えるのは先程の「オ目ニカカル」よりはずっと容易である。「耳ヲ傾ケル」というような表現になるとイメージが具体的になるから、イディオムとしての意味の理解はさらに容易であろう。

異なる言語でほぼ互いに対応するようなイディオムが見出されるようなことがある。例えば「耳ヲ貸ス」という日本語のイディオムに対して、英語でも lend one's ears というような言い方がある。あるいは「注意ヲ払ウ」という言い方は pay one's attention という表現と正確に平行している。このような場合、平行性の原因として二つの可能性が考えられる。一つはおたがいに全く無関係に同じような表現がそれぞれの言語で生じたという可能性である。例えば、まず日本語の「オ金ヲ払ウ」あるいは英語の pay money というような表現があって、そのパターンに基づいてそれぞれ「注意ヲ払ウ」あるいは pay one's attention というような言い方が成立したと考えるのである。〈注意〉を〈お金〉にたとえるということが心理的にそんなに無理ではないとすれば、異なる言語で同じような言い方が独立して成立したとしても、それほどおかしくないわけである。

もう一つの可能性は、一方の言語にあるイディオムがまず存在し、それが翻訳を通じて別の言語にとり入れられ定着したという場合である。例えば日本語の「注意ヲ払ウ」は英語の pay attention というイディオムの翻訳を通して成立したものであると考えるのである。

どちらの可能性が正しいかということは、結局文献を調べて実証的に判断する他はない。翻訳による借入が考えられないような以前の文献にすでに用例が認められるかどうか、といったことを検討するわけである。そのずっと以前から用例があるなら、独立に発生したということであろうし、それ以後に用例が限られているならば、翻訳を通じての借入という可能性が強くなる。「耳ヲ貸ス」に関しては前者、「注意ヲ払ウ」に関しては後者の可能性がそれぞれ強いようである。

2　語の恣意性

言語では意味を担う具体的な単位は、それ自体意味を持たない単位から構成されているのが原則であるということを見た。このことは言いかえれば、言語の基本的な単位によって担われている意味は、その単位を構成している音がどのようなものであるかには関係なく決まっているということを意味する。言語記号のこの性質は、言語記号の「恣意性」(arbitrariness) と呼ばれる。ただし「恣意性」という術語で注意しておかなくてはならないことは、これはある音から成る単位に言語社会の構成員が各自勝手な意味を付してよいということではないということである。ある単位が担う意味はもちろん社会的に決まっているのである。ただ、その意味が何であるかは、その単位を構成する音の性質によって必然的に決まるのではないということである。

言語以外の記号体系を見ると、そこに属する記号が恣意的に作られているものとそうでないも

〈イ〉	・—
〈ロ〉	・—・—
〈ハ〉	—・・・
〈ニ〉	—・—・
……	……

モールス信号

のとがある。例えば「モールス信号」は短音（トン）と長音（ツー）の組合せで記号が構成されており、日本語の場合だとそれぞれの記号が一つの仮名文字に対応するように作られている。（記憶の助けのために、「イトー（伊藤）」、「ロジョーホコー（路上歩行）」、「ハーモニカ」、「ニューヒゾーカ（入費増加）」などという表現を当てることもある。）この場合の記号の構成要素である短音と長音は別にそれぞれ固有の意味を持っているわけでもないし、また、例えば〈イ〉が「トン・ツー」という形で表わされなければ都合が悪いというような特別の理由もない。事実、英語に関して用いられる場合は「トン・ツー」は〈a〉という綴りを表わす。このようにモールス信号は恣意的に作られているわけである。

一方「手旗信号」を取りあげてみると、それぞれの記号が仮名文字の一つ一つに対応するという点では「モールス信号」と似ているが、恣意性という点ではだいぶ事情が違う。例えば〈イ〉を表わす信号は送信者が左手を斜め上に、右手を斜め下にそれぞれ伸ばし、受信者の方から見ると全体としてほぼ「イ」の文字に近いような恰好をする（次頁の図参照）。したがって、意味を担う単位と担われる意味の間の関係は完全に恣意的ではないわけである。もちろん文字によっては人間の四肢で十分に真似られないものもあるから記号によって恣意性の度合に差はある。しかし、全般的に見ればモールス信号などの場合に較べると、恣意性の度合がずっと低いのは明らかであろう。

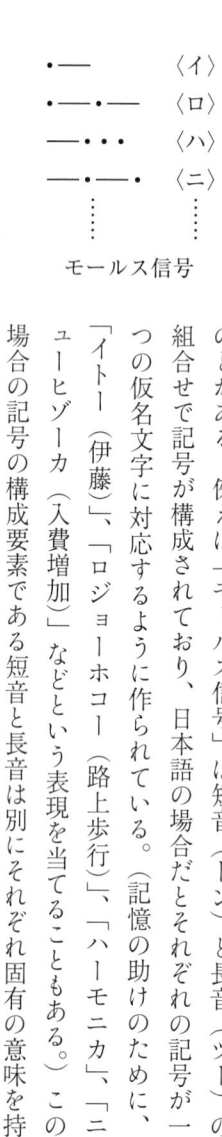

いろいろな記号体系は恣意性のある場合とない場合という両極の間に、さまざまの段階で配列される。場合によっては微妙なものもある。例えば、交通信号の「緑」と「黄」と「赤」は記号として恣意的であろうか。それを確かめてみる一つの方法は、記号と意味の対応関係を入れかえてみることである。例えば従来の「緑」は〈進め〉、「赤」は〈止まれ〉というような対応関係を逆にして、「緑」が〈止まれ〉、「赤」が〈進め〉を表わすということにしたら、何か不自然であるという心理的な抵抗が強く感じられるであろうか。それとも慣れてしまえば、ごく自然に受入れられるであろうか。緑という色が草木の成長などということと連想されて意識されている人にとっては、この色が〈進め〉という積極的な指示と結びつくのは自然と感じられているであろうし、また一方赤を血や焔の色として連想する人ならば、この色が危険に対する注意をうながし、〈止まれ〉という指示と結びついているのも自然と意識されるであろう。こういう人たちにとっては「緑」と「赤」の記号としての意味を入れかえることには心理的な抵抗があるに違いない。これらの記号はそのような人たちにとっては恣意的なものではないのである。しかし一方では、もっと実際的な受取り方をしてそのような連想にはこだわらないし、ほとんど意識もしないという人もいるであろう。そのような人にとっては、交通信号の「緑」や「赤」も恣意的な記号なのである。

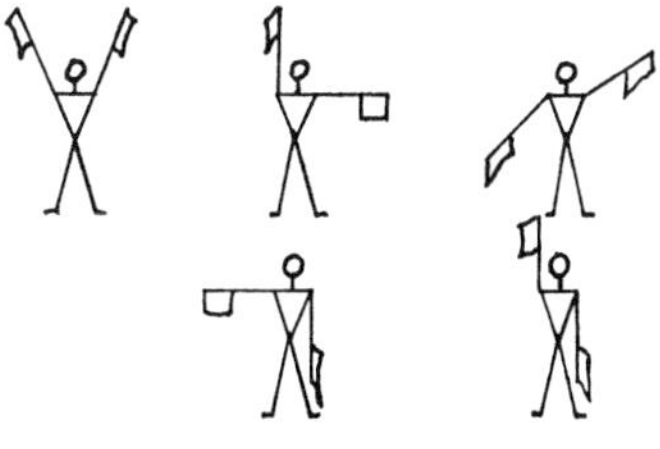

（イ）（ロ）（ハ）

手旗信号

交通信号の例からも分かるように、記号が恣意的であるかどうかの判断は場合によっては大変微妙である。とりわけ、ある記号体系に慣れ親しんでしまうと、たとえそこで用いられている記号が本来恣意的なものであっても、それがごく自然なものと感じられ、それ以外の結びつきはありえないというような感じを抱くようになりがちである。例えば、身振りによる表現で首を「縦に振る」場合と「横に振る」場合とがその好例である。首を「縦に振る」（つまり、「うなずく」）ことが〈肯定〉を表わし、「横に振る」ことが〈否定〉を表わすことは日本語でもそうであるし、また英語その他多くのヨーロッパ系の言語を使う人たちにも当てはまる。「縦に振る」ということは相手の進入を受入れるというような感じと容易に結びつくし、逆に「横に振る」のは相手の進入を拒否するという感じと結びつけられる。その意味ではそれぞれが持っている〈肯定〉、〈否定〉という意味はきわめて自然なように思えるし、その対応関係が逆になるなどとはとうてい考えられないと感じられるであろう。しかし、実際にはその逆の対応で用いられている社会もあるのである。そのような社会（ブルガリア、トルコ、その他アラブの一部）では、「縦に振る」のが〈否定〉で「横に振る」のが〈肯定〉という意味を与えられている。（ただし、正確には「縦に振る」の方は、正面を向いた位置から後方へ倒すような恰好になるとのことであるから、「うなずく」というのとはいくらか違いはあるわけである。）このようなこともあるのであるから、恣意的であるかどうかの判定

にも、純粋に人間共通の心理的な要因ばかりでなく、文化的条件ということも相当度に関与してくるのである。似たような場合を動物界の身振りに求めるならば、同じように「尻尾を振る」という動作であっても、犬においてはそれは〈喜び〉の気持を表わしているし、一方、猫では〈敵意〉の表現である。(もちろん、この場合も犬と猫では実際の尾の動きには微妙な差がある。)

3 擬声語・擬態語

ここで話をもう一度人間の言語へ戻そう。人間の言語では記号の恣意性ということが原則であることはすでに見た通りであるが、そこにもいくつか例外的な場合がある。「擬声語」(onomatopoeia)と呼ばれているのは、その典型的な場合である。例えば扉が風で大きな音をたてて閉まったような場合を日本語で「バタン」、英語でbangと言うことがある。この場合の「バタン」とかbangという語はそれが表わす音を語形の上で模写している。もちろんこの模写は完全なものではないが、逆に「バタン」という語をやめて代りに「サタン」とか「ハタン」というような語を同じ場合に使うとすれば、語形の上での音の模写性がほとんど失なわれてしまったように感じるであろう。その限りにおいてこのような語には語形と語義の間の対応にある種のふさわしさがあるのであり、言語記号の恣意性という原則に対する一応の例外にはなる。

「バタン」のように語形と語義の間に音的な模写という形での関連性がある場合は、「擬声語」（あるいは「声」というのでは狭すぎるという人にとっては「擬音語」）という呼び名が与えられる。「ペチャクチャ（喋る）」とか「ウォー（と吠える）」のような人間や動物の声を表わす語から、「ドスン」、「パチリ」、「ガラガラ」などの音を表わす語はこの部類に属する。

一方、この種の語で現実の音を表わさないものもある。例えば「ニコニコ」、「キラキラ」、「グズグズ」、「ネトネト」などといった語である。このような語は何らかの音を表わしているとは言えない。むしろ、ある種の状態を表わしているわけで、その意味でこの種の語を特に「擬態語」と呼ぶことがある。

擬態語というのは音を伴なわない対象があたかも音を発しているかのように表現しているのであるから、ちょっと考えると矛盾しているように思える。しかし、例えば「明リガガンガントモッテイル」などと言う時、その明りの輝きの強さと「ガンガン」という強い音を表わす表現の間に何らかの平行関係が感じられるのも事実である。ここでは視覚的な対象が聴覚的に捉えられているが、人間のいくつかの感覚の中にはこの種の平行性による連想が強く働くことが知られており、「共感覚」（synaesthesia）という名称で呼ばれている。これについては意味変化に関して述べるところでもっと詳しく取りあげることにするが、擬態語はこのような感覚の間の平行性に基づいて成り立っているわけである。「コソコソ」、「ソワソワ」、「ダブダブ」などの表現を聞くと、まるで何かそのような音が実際に出るのではないかというような印象すら受ける。それぐらい、場合によってはこの平行性は強固になりうるのである。

しかし、強固と思われる平行性も実は見せかけにすぎない場合もある。すでに身振りに関しても見た通り、慣れ親しんでいるものごとはすべて一番自然なものに見えるのがふつうである。このことは擬声語や擬態語の場合にも当てはまる。例えば「ニコニコと笑う」という表現で「ニコニコ」という擬態語は日本語の話し手にとっては大変ふさわしい共感覚的表現と感じられるであろう。しかし、日本語を全く知らない外国人に、日本語には「ニコニコ」という擬態語があるがどういう状態を表わしているかを当てさせてみても、期待するような答えはまず得られない。見当もつかないという反応がまずふつうのようである。日本語がすでに相当できるようになった外国人にとっても、擬態語の正しい使用は非常に難しいことらしい。しかし、一方、われわれが外国語の擬態語を提示されてその意味を当てさせられるというような場合も事情は同じである。例えば「レメレメ」とか「テメテメ」というエチオピア語の擬態語であるが、われわれにはどのような意味なのか見当もつかない。（実は、それぞれ〈あおあお〉、〈ぐるぐる〉という意味だそうである。）ということは、われわれにとって自然だということには、単にわれわれがそれを使い慣れているからということにすぎない場合もあるということである。

同じことは、擬態語まで行かなくても擬声語の段階ですでに認められる。動物の鳴き声を表わす擬声語はいろいろな言語で確かにたがいに似てはいるが、全く同じではない。日本人にとっては犬は「ワンワン」、猫は「ニャーニャー」と鳴くものであり、英語のように「バウワウ」(bow-wow)とか「ミアーオー」(miaow)と表わすのは何となくそぐわない感じがする。「コケコッコー」が英語で「コッカドゥドルドゥー」(cock-a-doodle-doo)になったり、ドイツ語で「キケリキ」(kikeriki)、フランス語で「ココリコ」(cocorico)になったりするのも変な感じがする。逆に他の言語の話し手が日本語の表現を見れば同じように感じるわけである。

このことは結局、擬声語や擬態語が言語記号の恣意性の例外になると言っても程度問題にすぎないことを表わしている。それぞれの言語の中でやはりその体系に合うような形で慣習化されているのである。その意味では言語記号の恣意性という原則は動かないと考えてよい。犬は「ワンワン」と鳴くと教えこまれるから、そのように聞こえるようになるのである。まだそのようなことを知らない赤坊が犬の鳴声を真似て「バウワウ」に近い音を出しているのを聞いたことがある。

4 語の有契性

「恣意性」ということとちょうど対になるような概念として「有契性」(motivation)ということがある。恣意的であるというのは、すでに見た通り、語形と語義の間に必然的な関連性がない

（別の言い方をすれば、単に社会的な慣習として決まっているにすぎない）ということである。これに対し、ある語形がある語義を持っているということに何らかの本質的な理由があるというのが「有契的」であるということである。この意味では「恣意性」と「有契性」は相補的な概念である。

しかし、恣意性ということが語を構成する音と語によって担われている意味の間の関係について言われるのに対し、有契性の方はもう少し広い意味で使われる。例えば「両親」という語であれば「両」と「親」の部分から成り立っており、「両」は〈両方〉の意味であるから二つの部分から構成された「両親」という語が〈両方の親、父母〉という意味になるというのは一応納得できる。このような語は「有契的」である。一方、「親切」というような語では「親」と「切」という二つの部分から成り立っていることは分かっても、全体として〈情のあること〉というような意味になるのが説明がつかない。このような語は「無契的」なのである。

英語の例で考えてみよう。例えば underground と understand という形は、いずれも under と ground または stand という二つの部分から成り立っていることはすぐ分かる。しかし、underground〈地下（の／に）〉の方は under〈下〉と ground〈地面〉というそれぞれの構成部分の意味が全体の意味とよく合うのに対し、understand〈理解する〉の方は under〈下〉と stand〈立つ〉という二つの部分の意味を足してみても全体の〈理解する〉という意味とは結びつきそうもない。underground は有契的な語であるが、understand の方はそうではないのである。

現在では無契的と感じられる語でも、昔に遡ると語源的には有契的であったということもある。例えば「親切」という語も以前には「深切」と書かれることが多かった。そして「切」の部分は現在でも文語には残っている「切《せつ》ニ」という表現と同じであるということを考えれば、全体として〈心に深く感じられるような（行為）〉という意味合いは十分受けとることができる。本来は決して完全に無契ではなかったわけである。

understand の場合も同様である。本来 under には〈～のそばに〉という意味があり、したがって understand は全体として〈～のそばに立つ〉ということであった。あるもののそばに立てばそのものがよく観察できるから、そこから〈理解する〉という意味への転化はまったくいわれのないことでもないわけである。

5　有契性の喪失

前節で見た「親切」や understand の場合は、本来有契的であったものが後には無契的になるという変化が起こっている。このような場合の有契性の喪失では、意味変化（例えば「切」が〈せつに〉の意味では日常語ではふつう用いなくなったとか、under の〈そばに〉という意味が失なわれたというような変化）ということが有契性の喪失の原因となっている。
有契性の喪失ということにはもう一つ重要な要因がある。それは語の形の上での変化、つまり、音や文字表記の上での変化ということである。

例えば「ヒカリ」という語がある。現代の日本語のハ行の音は古代日本語ではパ行の音であったと推定されるから、「ヒカリ」という語は実は古くは「ピカリ」のような音を持っていたわけである。ところで現在でも「ピカピカ」という擬態語があることからも分かる通り、「ピカリ」という形ではおそらく擬態語的な（つまり、視覚的な印象を聴覚的に表わすという）効果があったものと思われる。本来は音的なレベルで有契的な語であったわけである。しかし、この有契性はその後日本語で起こった音変化のために失なわれてしまった。一方、本来擬態語という特殊な語の部類に属していたため「ピカピカ」の方はこの音変化を蒙らないまま、その有契性を現在にまで保って来ているのである。

文字表記の上での変化のために本来の有契性が隠されてしまうことがある。例えば「虫カゴ」という語と「ムシバム」という語を比較してみよう。「虫カゴ」の方は「虫」と「カゴ」という二つの部分から成ることは明らかであるし、両方で〈虫を入れるかご〉という全体の意味とも自然に結びつく。この語は有契的である。それに対し、「ムシバム」の方は特に意識しない限り、二つの構成部分に分かれるということはあまり明瞭でない。とりわけ、「蝕ム」というような表記を与えられればそうである。語源的にはもちろんこの語は「虫」と「食《ハ》ム」（連濁により「バム」）という二つの部分から成り立っており、虫が少しずつ食べて行くように侵されて行くさまを表わした有契的な語であったわけである。

「ムシバム」という語がまだ「虫食《バ》ム」というふうに意識されている限りは、話し手は「ムシ」と「ハム」の間に切れ目を感じとる。語の構成要素の間のつなぎ目が見えるという意味で、このような語は「透明」であると言われることがある。一方、「蝕ム」という表記になると「ムシバム」全体が一つのまとまりとして受取られ、その間に切れ目があるとは感じさせない。つなぎ目が認められないという意味でこのような語は「不透明」であると言われることがある。有契性の喪失ということは、しばしば本来「透明」な語が「不透明」になるという過程と結びついている。

「オチイル」が本来の「落チ入ル」という透明語の状態から「陥ル」となると不透明語になるのも同じ場合である。この場合では、現在でもまだ少し注意すればもともとの構成要素を推定することは難しくはなかろう。しかし、「タガヤス」が「耕ス」となると、本来の「田返ス」（つまり、田を掘り返す）という構成要素はほとんど完全に覆いかくされてしまっている。

動詞の例をいくつか見たが、同じことは名詞についても多く見られる。「ミズウミ」が「水海」（つまり、淡水の海）ということは「湖」と書かれる現在でも、意識的になればまだ推測が可能であろう。しかし、「ニワトリ」の「鶏」が「庭鳥」であるのはどうであろう。「ムスメ」が「産女」からというのは、もはや連想は不可能であろう。発音の上での変化が相伴なって起こっている場合はなおさらである。「出水」という透明な形が「泉」という不透明な形になっている今は、もとの有契性を推測するのはまず不可能である。「サツキ」（五月）という表現では「ツキ」の部分が一つのまとまりをなすことは分かっても、「サ」の部分が本来の「早苗月」（つまり、早苗を植える月）の「サナエ」から来ていることは見当もつきそうにない。この語はいわば部分的に不透明になってしまったわけである。

同じような変化はどの言語にも起こる。英語で例えば breakfast〔brékfəst〕は、本来 break〈止める〉と fast〈断食〉という二つの部分から成り、食事をとらない夜の時間が続いた後、始めてとる食事という意味で〈朝食〉のことを意味した語であった。そのような有契性は形の上に関する限りはまだ breakfast という綴りの方に残ってはいるが、発音の〔brékfəst〕からだけではもはや推定することはほとんど不可能である。それにこの場合は fast が〈断食〉という意味の語よりは、〈速い〉とか〈速く〉を意味する同音語の方と連想されるということも、この語の不透明さを高めている。

もう一つ、lady という語を取りあげてみよう。この語は現在の英語では完全に不透明、つまり、どこかで切れるというようなことの言えない語である。しかし、千年ほど前まで遡ると、この語は hlæfdige〔hlǽ:vdije〕といういかめしい形（今では発音記号としてしか使われない æ も、当時はまだアルファベットの正式の一文字であった）をしていた。この語は複合語で hlæf と dige に分かれる。hlæf は今の英語の loaf〈（パンの）一切れ〉に相当し、〈パン〉の意味を、dige

は現在doughnut〈ドーナツ〉に見られるdoughと関係ある語で〈練る〉という意味をそれぞれ表わし、全体で〈粉を練ってパンを作る人〉という意味で〈主婦〉のことを表わしていた。この段階では有契的な語であったわけである。しかし、その後の音変化のために、現在のladyという語は完全に不透明である。

本来有契的であった語が後に音変化や意味変化のためにその有契性を失なうということは、言語ではごくふつうに見られる現象である。そしてこのことは、実は言語記号というものは本質的にやはり恣意的であることを間接的に表わしているのである。なぜなら、もし、語形と語義の間の関係が恣意的でない必然的なものであるならば、そのような有契性を破壊するような形での言語変化はもともと起こらないはずであるからである。

6　有契性の獲得──民間語源

すでに何度か見た通り、言語では記号の恣意性ということが原則である。いくつかの例外的な場合というのは確かにあるが、それも程度問題で恣意性という原則は動かないように見えるし、またそのような原則のお蔭で言語がよく機能するという面すらあるわけである。

しかし、一方奇妙なことに、言語を使う人間の心理には自分たちの使っている言語記号の形と意味の間には何か必然的な関係があるか、あるいはあるはずだという秘かな期待が働いているように思える。例えば、言葉を操り始めた子供は、そのある段階で親たちにきっと次のような質問を浴びせて困らせることがある——「ネコハドウシテ『ネコ』ト言ウノ」、「ネズミハドウシテ『ネズミ』ナノ」。この種の質問はもちろん本来答えようのないものである。真面目に答えようとすれば、「ネコハ『ネコ』ト言ウカラ『ネコ』ト言ウノヨ」といったふうにしか答えようがない。この答えは言語記号の恣意性の説明としてはまったく正しいものであるが、子供はそのような答えでは満足しないことも確実である。そこで例えばふざけたつもりで「ネコハショッチュウ寝テイルカラ『ネコ』ト言ウノ」とか、「ネズミハイツモ暗イ所デ寝ナイデジット見テイルカラ『ネズミ』ト言ウノ」とでも言ってやると、子供は分かったという顔をして大変満足するのである。もちろん、この説明は語源の説明としては何ら根拠のないものである。しかし、それは語形と語義の間に何か必然的な関係があるはずだという気持を満足させてくれる。数多くの語形にそれぞれ決まった意味がついている。そしてそれを使ってわれわれは絶えず伝達を行なっている——こういう状況に常に接しているのであるから、語形と語義の間に偶然以上の何か特別の関係があるのではないかと思うのは、確かにごく自然なことである。

そのような心理を感じるのは別に素朴な子供たちに限ったわけではない。偉い学者たちであっても時として同様である。言語を構成する音にはそれぞれ固有の意味が決まっていて、個々の語の意味は少くとも本来はそれを構成する音がそれぞれ有している固有の意味によって規定されているはずであるという考え方——このような考え方は「音義説」と呼ばれることがあるが、そのようなことと真剣に取組んだ人は古くから随分といたようである。確かに、この考え方には大きな魅力がある。つまり、もしそのようなことになっているということが証明できれば、一見限りなく多種多様に見える語の意味がごく少数の基本的な意味単位を組合せることによってすべて規定できるということになるのである。一見多様に見える現象を少数の一般的原則にまとめてしまおうとする科学にとっては、まさに理想的な状態ということなのである。

音義説的な考え方が比較的よく妥当すると思われたのはイという音が〈小〉ということを表わすという場合である。いろいろな言語で〈小さい〉とか〈少し〉を表わす語、例えば英語の little、ドイツ語の gering、フランス語の petit、それに日本語の「チイサイ」などにはいずれも「イ」の音が含まれているし、日本語の「チビ」とか、英語の kid〈子供〉、chicken〈ひよこ〉、kitten〈子猫〉、pigmy〈小人〉、bit〈ちょっと〉、twig〈小枝〉など小さいものを表わす語にも「イ」の音を含む例は多い。

これはまったくの偶然ではなさそうである。デンマークの言語学者イェスペルセンは次のような面白い話を書いている。ノルウェーのある町で、ある年の夏、水不足のため節水を呼びかけることになった。そして水洗式の手洗いには「bummelun ノ時ニダケ紐ヲ引クコト。bimmelin ノ時ニハ引クナ」という掲示が出された。bummelun も bimmelin も実際には存在しない語であったにも拘らず、この掲示の意味はすべての人に間違いなく理解されたということである。「イ」という音が〈小さい〉ということと結びつけられるのには確かに人間の心理に共通した何かがあるようであるし、このことを発音の際の調音の仕方と関係づけて考えようとする人もある。つまり、「イ」の音は舌が高い位置で発音され、したがって舌と口蓋の間の息の通路が狭くなる。そのことと〈小さい〉という意味を持つこととの間に関係があるのではないかと言うのである。

しかし、一方では「イ」と〈小さい〉ということの結びつきに対する例外も多くある。例えば、bigは「イ」の音を含んでいるが意味は正反対の〈大きい〉である。逆にsmallとか日本語の場合の「小(ショー)」という読み方のように、調音の際の舌の位置が低く息の通路が広い「オ」の音が〈大きい〉ではなくむしろ〈小さい〉という意味と結びついているということもある。その上、圧倒的に多くの場合においては「イ」の音は〈小さい〉ということとも〈大きい〉ということとも結びついていない。「イエ」とか「イヌ」とか「イロ」、あるいは「オイ」とか「ハイ」といった語で「イ」が〈小さい〉を表わしているというのはどう見ても奇妙である。結局、この場合も言語記号の恣意性という原則は動かないのである。

語形と語義の間に必然的な関係を認めようとする傾向は、個々の音に擬声的ないし擬態的な意味を付そうとするような形でばかり働くわけではない。本来不透明であるはずの語に偶然の形の上で一致するところを見つけ、そこに区切りがあると考えたり、あるいは意味の上で何らかの関連があると思い込んであたかも有契的な語であるかのように解釈するということもよく起こる。これは言わば正しくない解釈であるから、当然のことながらその言語についての知識が十分でない場合に起こりやすい。その一つの場合は子供である。すでに同音語ということと関連して、子供が「讃美歌」の「サン」を数字の3と思ったり、「オーケストラ」の「オー」を〈大きい〉という意味だと思ったりするという例を挙げたが、子供はこのようにして自分にとって不透明な語に対して自分なりに有契的な解釈を施しているのである。人間のようにいろいろな芸当をするチンパンジーが好きであった筆者の下の娘はこの動物のことを長らく「チンパン人」と思っていたようである。「セメダイン」のことを「セメンダイン」と言っていた子供もある。もちろん「セメント」との連想であろう。その上口調もその方がよくなる。聖書や童話に「マルコ」という人名が出て来ると子供はまず女性だと思う。これもごく自然な連想である。

この種の現象はもちろん外来語ばかりに限ったわけではない。子供の頃の筆者にとっては「クタビレル」という語は文語的な自分では使わない言葉であった。そして大人がこの語を使うのを聞くと、必ずはき捨てられてくしゃくしゃになった足袋（タビ）を連想した。洋服などが「クタビレタ」というような言い方を耳にすることもあったことを思えば、この連想もまったくいわれのないことでもなかったかも知れない。「コムラガエリ」を「コブラガエリ」と聞きとっていつも蛇のコブラを連想した。足の筋肉が何かコブラのようにのたうち回るのではないかというような想像を漠然としていたと思う。水泳中のこむらがえりの恐ろしさを何度も聞かされていたから、蛇との連想も容易であったのであろう。

本来区切りのないところに区切りを入れて、その結果実際に存在しない語を作り出してしまうというようなこともある。絵本を見て「コレナニ」と質問した子供に「ラクダ」と教えてやったら、その次に同じ絵を見て「ラク」と言っていたことがあった。「ラクダ」という答えを「犬ダ」というような答えと同じものと思い、「ラク」という動物名を創造したのである。あるいは「コガラス」という鳥の名前を始めて知った後、同じ鳥を「カラ」と呼ぶようになったこともあった。「コガラ」「コガラス」などと同じように「子」を意味する部分がついていると思ったわけである。このように本来ないはずのところに区切りを入れることを、「異分析」(metanalysis)、それに基づいて新しい語を創造することを「逆成」(back-formation) と呼ぶことがある。これは言語使用の上から言えばもちろん間違いということになるのであるが、そこまで言葉をいじくれるということは言語能力がかなり本物になってきているということの証拠でもある。「コガラ」から単純に「ガラ」という形を作り出すのでなく、清音の「カラ」にしたあたり、日本語の語感がよく身についているという証拠であろう。

コガラス：カラス
コガラ　：　x
x＝カラ
異分析による逆成

この種の間違いは子供ばかりでなく、大人の場合にももちろん起こりうる。「カレーライス」は「辛い」からであるとか、「ハヤシライス」は「林氏」の創案であろうとか漠然と思い込んでいる人もきっとかなりいるはずである。「モザイク」と日本語の「細工」の間に何かあると考えたくなるのも自然である。ある落語の師匠は「マンネリズム」とは「万年リズム」の訛《なま》ったものと信じていたと言う。この種の誤解は、外国語に自信のある人でもすることがある。あるテレビのお料理の番組で、講師が次のように言っていた――「英語デ『朝食』ノコトハ『ブレックファースト』ト申シマス。ツマリ、一日ノウチデ最初ニトル食事トイウコトデゴザイマス。」breakfast の語源についてはすでに見た通りで、後半の部分は〈第一の〉の意味の first とは全く関係がないわけである。

この種の誤った語源づけのことは「民間語源」(folk etymology, popular etymology)と呼ばれることがある。この名称は学問的に正しい「科学的な語源」に対するもので、言語の話し手が歴史的に実際起こったこととは関係なく勝手に考え出したものという意味である。しかし、民間語源的な考え方をするのは別に一般民衆だけとは限らず、難しい言葉に対して中途半端な知識を持っている知識階級によってもなされるわけである。その上、言語の話し手はその言語の過去の歴史を必ずしも知らなくても十分それを使いこなせるわけで、民間語源は現在の話し手が自分たちの言語に対してどのような意識を抱いているかを示しているという意味でも、大変興味ある現象なのである。

英語の話し手の中にも mist〈霧〉と mysticism〈神秘主義〉、noise〈騒音〉と noisome〈うるさい〉の間にそれぞれ何か関係があるのではないかと漠然と思っている人があると言う。日本語の話し手にとっても、病気の「カゼ(風邪)」は冷たい「カゼ(風)」によって引き起こされるとか、「伝統アル我ガ校ノホコリ(誇り)」などという表現を聞くと、「ホコリ(埃)」の積った古めかしい棚のある部屋を連想したりする人がいるはずである。「ミズムシ」や「ムシバ」は虫によって引き起こされるというのも、言語的にはごく自然な誤解である。「ストライキ」の「スト」が「ストップ」と、「アンコール」が「コール（call）」と関係があるのではないかと感じても、そう不思議とも言えない。クリーニング屋さんの店先に「カー天」という表示が出ていたが、天井から吊り下るものと思えば、大変面白い書き方である。この種の表記は省略した書き方ということとも関係があるのであろう。八百屋さんの店先には「Ｐマン」、洋服屋さんには「Ｇパン」、おもちゃ屋さんには「Ｂダマ」といった表現が見かけられる。そのうちにきっと「Ｑリ」などと書き出す八百屋さんも出てくるに違いない。

日本語では発音ばかりでなく文字の問題も大変重要であるが、ある文字の形がその文字の意味に大変ふさわしいというような感じが持たれることもある。もちろん、その文字の本来の象形文字としての写実性とは関係のない次元での連想である。例えば「狡猾」という文字は見るからにいかにもずるそうであるし、「頽廃」という文字は文字からして頽廃的に思える。お葬式の時に出てくる「靈」という文字は、子供心にも何か恐ろしいものを表わしているように思えたし、環境破壊を非難する人たちの「怨」と記したのぼりは、文字そのものが強く訴えているように感じられる。西欧的なアルファベットでは、これほどの写実性を作り出すことは不可能である。しかし、それでも例えばフランス語の locomotive〈機関車〉という語に、煙突も車輪も備えた蒸気機関車のイメージを感じとった詩人もいると言う。

最後に、わが国には古くから「無理問答」という言葉遊びがあるが、これも民間語源と関係がある。例えば「一羽デモニワ（二羽）トリトハ如何ニ」に対して「一羽デモチドリ（千鳥）ト言ウガ如シ」と答えるような場合である。「鶏」の語源についてはすでに見た通りであるが、ここでは音の類似から「ニワ」を「二羽」と決めつけて勝手に有契化し、その有契性の矛盾の説明を要求しているのである。もちろん、これには正当な答えは存在するわけはなく、答えの方は同じような勝手な有契化とその矛盾の例を挙げて間接的にかわしているわけである。「一句作ッテモ詩（四）トハコレ如何ニ」に対して、「一度打ッテモ碁（五）ト言ウガ如シ」と答えるのも同じである。このような伝統的な言葉遊びが盛んに行なわれたということからも、言葉の話し手にとっては語を有契的に捉えようとする気持がいかに強いかを窺い知ることができる。

第五章 意味の変化

1 語の意味の変化

社会の中で行なわれるさまざまの慣習は時間と共に変りうるものであるが、言語もその例外ではない。言語の歴史的な変化はいくつかの面で現われる。音の面における変化（例えば「パ」が「ハ」になる）とか、文法の面における変化（例えば活用の仕方の変化）と並んで、語がその本来の意味から別の意味へ変るということも、きわめて広く見られる現象である。

例えば「美シイ」という語であるが、この語は昔から今のような意味を持っていたわけではない。枕草子の中には「ウツクシキモノ。……何モ何モチヒサキモノハミナウツクシ」というふうに述べられているところがある。ここで清少納言が言っている「ウツクシ」の意味は現在とは同じではない。むしろ〈愛らしい、かわいい〉という意味、現在の言葉で言うならば「イツクシム」べきものといった感じである。つまり、「美シイ」という語の意味は〈愛らしい〉↓〈愛らしくて美しい〉↓〈美しい〉というふうに変って来たと考えることができる。古い時代にはこの語はちょうど現在の英語の lovely に近いような感じの語であったと思われる。しかし、一方「ウツクシイ」という語が本来〈美しい〉という意味でなかったのなら、〈美しい〉ということはどういう語で表わしていたのであろうかということが当然問題になる。いくつかの語がこの意味を表わすものとして異なる時代に登場して来るのであるが、例えば古く万葉集の頃には「クハシ」という語が〈美しい〉ということを表わす代表的な語であったらしい。この「クハシ」には「細シ」のような漢字が当てられるから、本来は〈ほっそりとした〉、〈繊細な〉というような感じを伴なった語なのであろう。もちろん、これは単に外観のみに重点のあるものではなく、そこからさらに〈大事にしてやるべき、かわいい〉というような感情も伴なっていたのであろう。しかし、いずれにせよ、現在の「クワシ」という語は「詳シイ」という形で解されるのがふつうであり、「詳シイ女性」という表現はおよそ〈美女〉ということとは遠くなってしまっている。

英語の場合で考えてみよう。beautiful は現在の英語で〈美しい〉ということを表わす代表的な語であるが、この語が始めて英語の文献に記録されるのは一五二六年―シェイクスピアの生まれる四十年ばかり前――にすぎない。実はこれと同じ系統で現在では文語となってしまっている beauteous という語もあるのであるが、この語も英語の文献に残っている用法としては一四四〇年以前には遡れない。そうするとそれ以前、例えば一四〇〇年に亡くなっている文豪チョーサーなどは〈美しい〉ということをどう表わしていたのかということが当然気になる。チョーサーの作品を調べてみれば分かるが、その意味でもっともふつうに使われているのはfairという語である。ところが、このfairという語は現在では日常語では〈美しい〉という意味ではふつうには使わない。*My Fair Lady*という日本でもヒットしたミュージカルがあるが、このようなfairの使い方は文語的である。現在fairという語が使われる場合のふつうの意味はもはや〈美しい〉ではなく、肌が〈色白い〉とか、髪が〈金髪の〉といった特殊化した場合のみである。

〈美しい〉という意味を表わす語についての以上の議論からも分かる通り、語の意味変化ということはその語一つだけに関係した現象ではなく、周辺の語にもいろいろな形でその影響を波及するものである。Xという語がAという意味からBという意味に変ったとする。そうすると、Aという意味は今度はどういう語によって表わされるようになったかということが問題になる。もしYという語がその役を果すことになったのならば、このYという語は前にはどのような意味であったのかということが当然知りたくなる。よく言語は単なる要素の集りではなく一つの構造体であるということが言われるが、意味変化の問題もそれにふさわしく構造的に捉えるのが理想的である。

もう一つ比較的簡単な具体的な例でこのことを見てみよう。英語のdeerという語はもともと〈動物〉という意味であったが、ある段階でもっぱら〈鹿〉という意味で用いられるようになる。

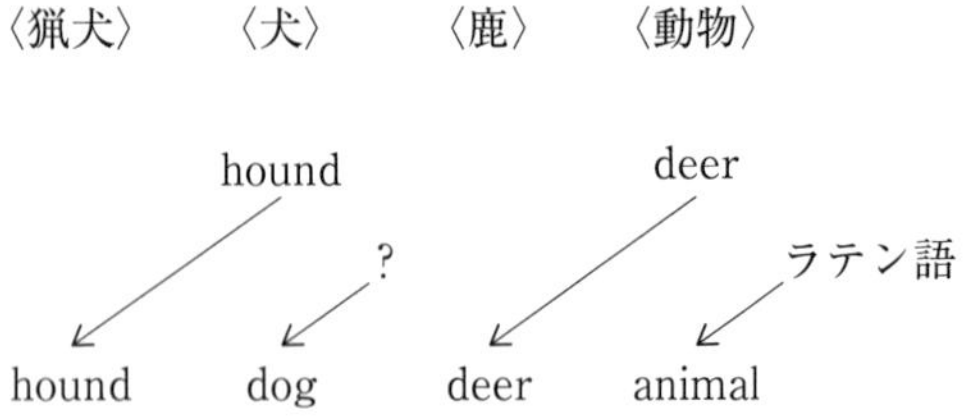

(ドイツ語を知っている人は、この語はドイツ語の Tier と同語源で、ドイツ語ではまだもとの〈動物〉の意味が現在までも残っていることを想起するとよい。) しかし、〈動物〉という概念は重要であるから、それを表わす語がないといった状態ではすみそうもない。結局、この空所を埋めることになったのが animal という語であり、これが現在まで続いているわけである。ところで animal はどこから来たかと言えば、これはラテン語からの借入語である。同じように hound は本来〈犬〉一般を表わした語であったが、後にはもっぱら〈猟犬〉を指すようになる。(この場合も同じ語源のドイツ語の Hund は現在でもまだこの〈犬〉の意味を保っている。) そこで〈犬〉という意味の部分が空欄になったわけであるが、ここを満たすようになったのが現在の dog という語である。ただし、この dog という語の由来は明らかではない。

言語の語彙を一つの大きな分野にたとえるならば、その分野の中ではこのような形でいろいろな語が移動したり、出たり入ったりしているわけである。もちろん、実際にはもっと細かい点でいろいろと複雑なことが起こる。例えば、右の図式的な説明では、まず何か最初に空所が生じ、そこを埋めるような形で他の語が入るというような表現の仕方をした。しかし、実際には例えば空所となったところが空所のまま残るということもありうる。(それが時代の推移などによって、もはや文化的に有意義でないような概念になったような場合は特にそうである。）また、最初に起こるのはすでにある語によって満たされている欄に、何らかの理由でまた別な語が侵入し、その結果、もとからの語が追い出されるということもある。そのような場合は、ある時期二つの語がほぼ同じ意味を持つものとして競合するわけである。さらに、一つの語はある欄から別の欄へ移るというようなことだけでなく、もとの欄に居坐ったまま、他の欄に言わば領土を拡張するような形でその適用範囲を拡げるということもごくふつうに起こる。これは、つまり多義性の場合である。

このような状態はしばしば「場」（field）という概念を使って表わすことがある。つまり、ある言語の語彙は語の雑然たる集合によって構成されているのではなく、まずその意味の類似性に従っていくつかの場に分かれ、それぞれの場がさらにいくつかの語によって分割されているという考え方である。そのような場、その構成基準となる意味の類似性に注目して「意味場」（semantic field）と呼ばれることもあるし、それを実際に満たしている語に注目して「語彙場」（lexical field）と呼ばれることもある。例えば、〈色彩〉、〈親族関係〉、〈調理法〉、〈移動〉などは比較的よく研究対象として取りあげられた場である。

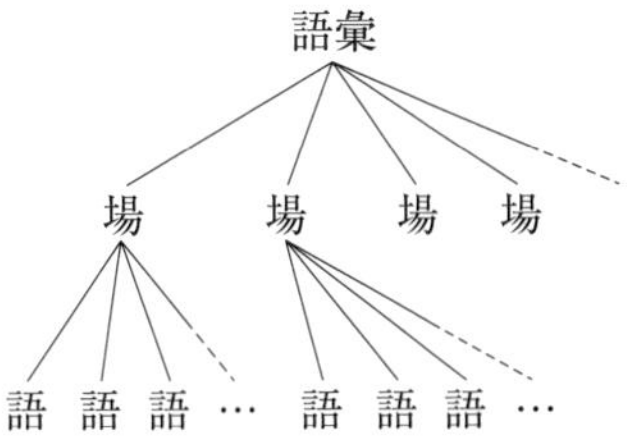

同一の場を取りあげて、異なる時代で比較してみると、当然いくつかの

変化が見られる。まず、その場を構成している語に変動があるであろう。ある語はその場を離れ、一方、別な語がその場に入って来ているかも知れない。構成している語にたまたま変動がないというような場合でも、それぞれの語が領分している範囲には変化がありうる。日本語の本来の基本的な色彩用語は「白」、「黒」、「青」、「赤」という四語によって成立していたと言われるが、後になると第二次的な転用による色彩用語（例えば「あい」、「だいだい」など本来色彩用語ではなかったもの）も含めて、きわめて多い数になる。「褐色」のようにもっぱら英語の brown など外来語の訳語としてその地位を保持しているように思えるものもあるかと思うと、一方「桃色」のように定着していたように思えたのが、そのよろしくない連想のためだんだん使われなくなって来ているものもある。「青」は古くからの色彩用語であるが、「緑」との関連でその適用範囲は本来よりは明らかに狭められて来ている。

2　意味変化のメカニズム

語の意味が変化する時、もとの意味と新しい意味との間には何らかの関連があるのがふつうである。例えば〈石〉を表わしていた語が〈堅固さ〉や〈頑固さ〉を表わすようになることはあっても、〈柔かさ〉とか〈やさしさ〉を表わすようになるのはありそうもない。つまり、原義と転義の間に何らかの形での連想関係があるのがふつうである。そうすると、意味変化の型というものをこの連想関係の型によって分類することができるということになる。

　連想というのは、あることと他のことの間に何らかの関連性があると感じることである。心理学では、この連想のもととなる関連性をふつう二つの場合に分ける。その一つは「類似性」（similarity）、もう一つは「近接性」（contiguity）と呼ばれる。「類似性」は二つの物事が似ているということで、これは形状、色彩、材質、機能、組成などさまざまの面に関して認められる。「近接性」は二つの物事の間に特別に近い関係があるということで、その関係は空間的なものばかりでなく、時間的、あるいは因果関係的なものまで、やはりさまざまな場合がありうる。

　心理学で連想実験と言われるものがある。言語を対象としたもっとも単純な形式のものでは、まずある語を「刺戟語」として被実験者にごく短い一定時間提示し、その後決められた一定時間内に被実験者がその語から思いつく「反応語」を挙げて記録して行くというものである。このような実験をすると、被実験者の挙げる反応語のうちには、類似性に基づいて連想されたものと近接性に基づいて連想されたものとが両方現われてくるのがふつうである。例えば、刺戟語が「白」であったとしよう。これに対する反応語の中には、

刺戟語　　　　反応語

白 ＜ 黒…「類似性」に基づくもの
　　 雪，雲，塩，米……「近接性」に基づくもの

おそらく「雪」、「雲」、「黒」などはたいてい含まれるであろうと思われる。ところで、同じように反応語であっても、「雪」や「雲」の場合と「黒」の場合とではいくらか事情が違う。雪とか雲というものと白との関係は何かと言えば、それらの対象が色が白いという属性を持つということである。別の言い方をすれば、雪とか雲があれば白いということがたいてい相伴なって観察されるということ、つまり、両者は近接の関係にあるということである。それに対し、「白」に対する「黒」の場合は両者の関係は近接ではない。これはいわゆる「反意性」の関係にある場合である。

刺戟語	反応語
白	城…語形の上での類似性
	黒…語義の上での類似性
白	素人…語形の上での近接性
	塩…語義の上での近接性

ところで、すでに見た通り、反意性の関係にあるということは少なくとも両者が共通の次元の上に立っているという意味で、意味の類似性の一つの場合である。「白」に対して「黒」という反応はごくふつうであっても、「白」に対して「緑」というような反応は稀《ま》れであろう。「緑」は「白」に対して特に近接の関係にも類似の関係にもないからである。

　ところで、同じように「白」を刺戟語とした連想実験で、「城」というような反応語が出て来た場合はどうであろうか。城は白いという近接関係に基づく連想が働いたかも知れないことは否定できないが、それよりもこの場合はどちらの語も「シロ」という形で（アクセントを無視すれば近似的な）同音語であるということが、より重要なきっかけになっているものと思われる。すると、これは類似性が問題になっている場合であるが、同じ類似性が問題になっている場合でも「黒」の場合とは異なる。「白」と「黒」の場合は意味の上での類似性であったが、「白」と「城」の場合は語の音形上の類似性である。

同じような分化は近接性の場合についても考えられる。稀ではあろうが、例えば反応語として「素人（しろうと）」というような語が出た場合はどうであろうか。素人の属性として色が白いということは、ちょっと結びつきそうもないから、これは意味的な近接性が関係しているとは考えられない。可能な解釈の一つとしては、何も知らない〈素人〉は何も書いてない〈白紙〉のようなものという比喩的な連想ということも反応語として提示するきっかけになったと考えられないこともないが、おそらく、〈シロウト〉という語が〈シロ〉という語と部分的に音が同じであるということが直接のきっかけであろう。「シロ」と「シロウト」では部分と全体の関係にあるから、これは語形上の近接に基づく連想である。

二つ以上の要因が同時に働いていると推定できることもある。例えば「雪」や「雲」は確かに意味の上の近接を通じて、「白」と連想されるのであろうが、「白雪」や「白雲」という表現がかなり一般によく使われることをも考えると、語形の上での近接性に基づく連想が働いているという可能性もまったく否定はできないように思われる。「塩」のような場合だと、「白塩」というような言い方はあまりすることがないであろうから、語形上の近接に基づく連想の働く可能性は低くなる。

	語形	語義
類似性	(1)	(3)
近接性	(2)	(4)

連想の型

以上の議論からも分かる通り、一方で「類似性」と「近接性」、他方で「語形」と「語義」という対立を立て、それぞれ組合せることによって四つの連想の型、つまり、(1)語形の類似性に基づく場合、(2)語形の近接性に基づく場合、(3)語義の類似性に基づく場合、(4)語義の近接性に基づく場合、を区別することができ、意味変化もこの区分に従って分類することができるわけである。

意味変化の分類の問題に入る前に、もう一つつけ加えておきたいことは、この四つの連想の型はどれも同じぐらいふつうであるのではないということである。よく知られた一つの差は、子供の場合は意味の近接性に基づく連想がかなり多いが、大人になるにつれて次第に意味の類似性に基づくものの比率が増加するということがある。例えば、子供にとっては「母」に対しては「ヤサシイ」、「オ菓子」に対しては「食ベル」といったような反応語がふつうである。これらはいずれも意味の近接性を基本として連想されているように思えるが、同時に「ヤサシイ母」とか「オ菓子ヲ食ベル」といったような表現を通じての語形の近接性に基づく連想による強化もあるかも知れない。

しかし、大人になるにつれて「母」に対して「父」、「オ菓子」に対して「ケーキ」といったような類似性に基づく反応が多くなってくる。この推移は、ある意味ではごく自然である。子供の場合は、その生活経験は例えば〈お菓子を食べる〉という具体的な場面や「オ菓子ヲ食ベル」という具体的な発話と密接に結びついたものがほとんどである。一方、「オ菓子」と「ケーキ」というのは具体的な場面や発話よりは言語体系の中で成立している抽象的な関係であり、自分の言語能力への反省とか、論理的な思考能力の発達を待って始めて成り立つような結びつきという面の方が強いと思われる。

それから今度は語形に基づく連想と語義に基づく連想を較べてみると、少くとも大人の場合は後者の方がはるかにふつうである。これもある意味では自然なことである。つまり、言語を使うのは語の意味を手がかりに情報の伝達を行なうことが基本的な操作であるから、使う人の注意は単に意味を担わせる手段にすぎない語形よりも語義の方へ向けられるからである。しかし、大人でも疲れて注意力の鈍った時とか、ある種の精神障害の生じた場合には、語形による連想が正常な状態以上に増すと言われている。語の意味を読みとろうとする注意力の集中が得られなくなれば、語は単に感覚的に音ないし形として知覚されるだけとなるのであるから、これもごく自然な変化と考えることができよう。

以下、意味変化の型をもっともふつうのものから取りあげて行くことにする。

3　語義の類似性に基づく場合

これはいちばんふつうの場合である。例えば、机などについて「アシ」という語を用いるのは、人などについて「アシ」を用いることからの転用である。この転用のもととなっているのは、人間のあしと机などで「アシ」と呼ばれるものの間に見られるある種の類似性——例えば形が似ているとか、全体に対してそれが占めている位置が似ているとか、あるいは支えるという機能の点で似ているとかいったこと——である。「クチ」という語が「傷口」とか「河口」などに用いられるが、やはり類似性である。外に向って開いていることに伴なう形や機能の上での類似性が転用のきっかけになっている。人などの「テ」と「ヒトデ」や「トッテ（把手）」の関係は形の上の類似であろう。後者には握られるものというような連想もあるのかも知れない。

人体の部分を表わす語が他のものに転用されることは、どの言語でもかなり認められるはずであるが、どの言語でも同じような転用ができるとは限らない。例えば「机ノ足」（legs of a desk）、「釘ノ頭」（head of a needle）、「瓶ノ首」（neck of a bottle）、「椅子ノ腕」（arms of a chair）、「河口」（mouth of a river）などは日本語と英語で平行した例であるが、英語の foot of a mountain〈山のふもと〉に対して日本語で「山ノ足」とは言えない。しかし、「足引キノ」というような「山」に対する枕詞のあることを考えると、同じような捉え方の可能性はあるわけである。

　これまで挙げた例からも想像がつくように、人間に関係した表現が人間以外のものに対して転用されるという例は多く見出される。このことは、人間は自分を世界の中心に置いてものを見るということを考えれば、当然予想されることである。その逆の例、つまり、本来人間以外のものについての表現が人間に対して適用される場合というのは、比較的少ないようである。例えば、仕事などに慣れていない人のことを「新米」と言ったり、編集の主任のことを「主幹」などと言ったりする場合である。英語などの場合も同じで、〈のどぼとけ〉のことをAdam's apple（エデンの園でアダムがエヴァと一緒に食べたというりんご、それとの形の上の類推から）と呼ぶような場合が比較的少ない例の一つとされている。

　本来は具体的（つまり、感覚的に捉えることが可能）なものに対して用いられた表現が抽象的なものごとに転用されるというのも、よく見られる一般的な変化の方向である。例えば「庶民ノ目（〈見方〉）」、「次ノ手（〈処置〉）」、「恋ノ焔」、「希望ノ光」、「心ノ傷」などといった場合である。形容詞や動詞にもこの型の転用が起こっているものが随分多い。「山ガ高イ」に対して「値段ガ高イ」、「水ガ深イ」に対して「読ミガ深イ」などといった場合とか、「歩イテ行ク」に対して「ヤッテ行ク」、「花火ガ上ル」に対して「評価ガ上ル」、「水ヲコボス」に対して「愚痴《ぐち》ヲコボス」など、それに「分カル」とか「起コル」という語は本来〈選り分ける〉こととか〈起き上る〉ことなどという具体的な行為を表わすことと関係があることを考え合わせてみるとよいであろう。英語のunderstand〈理解する〉はすでに見た通り、本来〈～のそばに立つ〉という具体的な状況を表わしているし、同じように〈理解する〉を意味するcomprehendは、本来〈一緒に〉を意味するcom-の部分と〈つかむ〉を意味するprehendという部分（フランス語のprendre〈つかむ〉と同じ）から成り立っており、日本語の「把握スル」という語の感じと平行している。

〈具体的〉なものから〈抽象的〉なものへという意味変化の方向も、やはり人間の心理的な傾向に根ざしているのではないかと思われる。幼児の言語習得の場合にも、すでに触れた通り、まず習得されるのは直接身の回りのものとして感覚的に捉えられるようなものごとを表わしている語であるし、一般に抽象能力の発達は年齢が増すにつれて見られるということもある。それと同じような傾向が言語変化の場合にも認められたとしても、それほど不思議ではないわけである。

意味の類似性に基づく転用で興味あるもう一つの例は、前にも少し触れたことのある「共感覚」に基づくものである。例えば「ヤカマシイ声」と「澄ンダ声」という言い方を比較してみよう。ここで問題となっている対象は、〈声〉という聴覚に関係するものである。ところで「ヤカマシイ」という表現は本来聴覚的なもので適用される語であるから、「ヤカマシイ声」という表現は〈聴覚〉―〈聴覚〉という結びつきでごくふつうのものである。一方、「澄ンダ」という表現は本来眼で見た感じ、つまり視覚的なものであるから、「澄ンダ声」という表現は〈視覚〉―〈聴覚〉という構成になっていることになる。しかし、このように感覚の種類は異っていても、視覚について「澄ンダ」と言える場合の印象と聴覚に関してのある種の印象の間に平行性が感じられるということから、転用が起こっているわけである。同じように「甘イ声」という場合は〈味覚〉→〈聴覚〉、「冷タイ声」では〈熱感覚〉→〈聴覚〉、「柔カイ声」では〈触覚〉→〈聴覚〉という転用が起こっているわけである。

もう一つ例として「色」という語を取りあげてみよう。この語は視覚に関係する。したがって「明ルイ色」などという場合は〈視覚〉―〈視覚〉というごくふつうの結びつきであるが、共感覚的な形でもいろいろと使われる。例えば「渋イ色」は〈味覚〉―〈視覚〉、「冷タイ色」は〈熱感覚〉―〈視覚〉、「柔カイ色」は〈触覚〉―〈視覚〉という結びつきになっているわけである。

共感覚的な表現も、異なる言語間でかなりの平行性を示す。例えば、今までに挙げた日本語の例とほぼ平行して、英語でも clear voice, sweet voice, cold voice, soft voice, harsh voice、あるいは cold color, soft color というような共感覚的な表現が可能である。それにどのような感覚が他のどのような感覚に対して転用されるかということに関しても、言語間の相違を越えて共通の傾向が見られるということが指摘されている。それは、より低い感覚からより高等な感覚への適用はふつうであるが、その逆は少ない、ただし、視覚と聴覚間の転用は例外である、という原則である。ここで言う感覚がより高度であるとか低いとか言う場合、〈視覚〉、〈聴覚〉、〈嗅覚〉、〈味覚〉、〈熱感覚〉、〈触覚〉という順

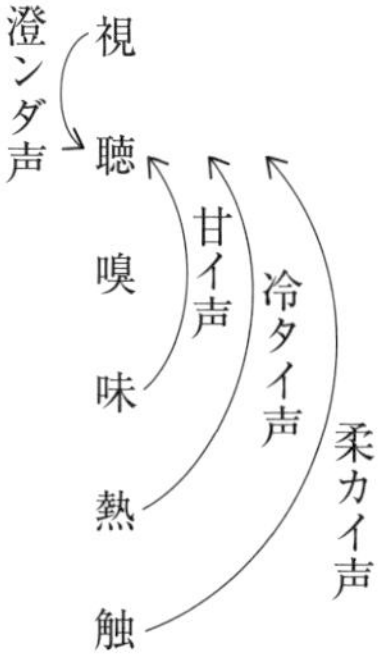

序が想定されている。例えば触覚のような感覚はアミーバのようなごく下等な動物でも存在しているが、聴覚や視覚となると、ある程度進化した動物でないとかなりの発達は認められないというような事情を考慮してみるとよい。これまで挙げた「甘イ声」、「冷タイ声」、「柔カイ声」などの表現は、すべて下から上へ向っての転用の部類に属する。「澄ンダ声」というのだけが上から下へ向っての転用の場合であるが、これは〈視覚〉から〈聴覚〉という場合であるから、例外的にふつうという場合に属する。この〈視覚〉↓〈聴覚〉以外の上から下への転用は稀れということなのであるが、例えばもしあるとすればどのような表現がそれに妥当するのか考えてみると面白い。「明ルイ匂イ」とか「ヤカマシイ味」というのがそれに相当する。前者は〈視覚〉↓〈嗅覚〉、後者は〈聴覚〉↓〈味覚〉という上位の感覚から下位の感覚へ向っての転用である。「明ルイ匂イ」とか「ヤカマシイ味」という表現の意味は分からないことはないが、何となくとっつき難いという感じを与える。おそらく何か自然な心理の働きに抵抗するものがあるのかも知れない。もちろん、英語で bright smell とか loud taste などと言った場合も同様である。共感覚というのは人間の知覚面での特徴であり、当然人間の文化的というよりは生物的な存在としての共通性が強く現われてくるのであろうから、その意味で異なる言語間に共通の共感覚的表現が出て来たり、どの感覚からその感覚に転用されるかという点に関して共通の傾向が認められたりしたとしても、特に不思議ではないわけである。

しかし、それでも言語間で差が出てくることもある。例えば、日本語で「黄色イ声」などと言うことがある。これはすぐ分かるように〈視覚〉↓〈聴覚〉という型の共感覚的表現である。しかし、英語には yellow voice などという表現はないし、かりに日本語にはそれに相当する表現があることを教えて意味を当てさせようとしても、〈かん高い声〉というような期待される答えはまず得られない。見当がつかないというのが一般的な反応のようである。逆に英語には loud color という表現がある。日本語に直訳すると「ヤカマシイ色」ということになるが、日本語ではふつうそのような言い方はしない。しかし、意味は見当がつくのではないかと思われる。日本語の表現で言えば、「ケバケバシイ色」といった感じのものである。

場合によっては、先程の一般原則では稀れなはずの型の共感覚的表現が慣用的に定着しているものもある。例えば、日本語では「ヤカマシイ匂イ」というような言い方はしないけれども、英語には loud smell という言い方があって嫌な強い臭みを表わすのに用いられる。これは〈聴覚〉↓〈嗅覚〉という下向きの稀なはずの型に属する表現である。日本語の「白熱」という表現はおそらく英語の white heat の訳として成立したものであろうが、一応形式的には〈視覚〉↓〈熱感覚〉という下向き型の共感覚的表現に見える。ただし、実際にはこれは白く輝くほどの高温の状態をそのまま捉えて表わしたものであるから、本質的には共感覚的な表現ではないのであろう。

4 語義の近接性に基づく場合

人の「アシ」に対して机の「アシ」というのはすでに見た意味の類似性に基づく転用であるが、「アシガ速イ」というような場合はどうであろうか。この場合の「アシ」は〈歩き方〉というような意味であるから、人の〈足〉と類似性の関係にあるとは言えない。両者の関係はと言えば、〈足〉があれば〈歩き方〉が相伴なうし、〈歩き方〉があれば当然〈足〉の存在が予想されるというように両者が共存の関係にあるということである。この近接性の関係に基づいて、〈足〉から〈歩き方〉への転用が生じたわけである。同じように、人の「クチ」と傷の「クチ」はすでに見た通り類似性を通じて関係しているが、「クチガ達者」と言うような場合は〈喋り方〉というような意味であるから、類似性ではない。この場合は、〈口〉と〈喋り方〉というものが相伴なうものであるという近接性の関係に基づいて転用が起こっているのである。イザヤ・ベンダサンの『日本人とユダヤ人』の中では、日本語では「鍵」(key)と「錠」(lock)が用語として必ずしも明確に区別されていないことが指摘されているが、これも空間的に両者が近接の関係でよく見出されるということが転用の基盤となっている。

近接性に基づく転用は一般に修辞学の方で「換喩《かんゆ》」(metonymy)という呼び名を与えられて

おり、近接性の種類によっていろいろ下位区分することができるが、中でも〈部分〉と〈全体〉という関係に成立っているものには特に「提喩《ていゆ》」(synecdoche)という名称が与えられることがある。例えば「手ガ足リナイ」などと言う時、実際に足りないのはもちろん〈手〉ではなく、手伝ってくれる〈人〉である。〈手〉と〈人〉の関係は〈部分〉と〈全体〉である。同じように「牛一頭」などと言う時に「頭」という語を使うが、もちろん問題になっているのは〈頭〉だけでなく、牛全体である。日本語で「手」という語をよく〈腕〉の意味で使ったり、「首」を〈頭〉全体を指して使うことがあるが、これは場所的な近接によるとも、〈部分〉と〈全体〉という関係に基づいているともとることができる。文語で「春秋ニ富ム」などと言う場合も、一年を構成する季節でもって一年全体を表わしていると考えることができる。

時間的な近接に基づくものの好例は「オヤツ」、あるいは同じ意味で使う「オ三時」である。これらはもともと「八ツ時」または「三時」になると出されるものに対して、その時の時間の名称が適用されるようになったもので、「オ昼ニショウカ」などと言う場合も同じことが起こっている。あるいは、口語的な言葉使いで「寝ル」という語をしばしば〈眠る〉の意味で使うが、これも〈寝る〉という行為と〈眠る〉という行為が時間的に近接の関係にあるからである。

ある人たちの特徴的な服装とか、習慣的な行為の名称がその人たちに対する名称となるというのも近接性に基づく場合に属する。例えば、「赤帽」とか「ホワイト・カラー」などと言う場合である。このような場合は、見方によっては〈部分〉でもって〈全体〉を表わしている場合というのに近くなる。行為からの転用の場合は、「オ相撲サン」、「オ巡リサン」、「夜回リ」、「押売リ」などといった表現である。

後者とよく似た場合として、あるもののよく使われる用途を表わす表現が、そのもの自体の表現に転用されるということもある。例えば、「本立テ」、「紙バサミ」、「爪切リ」、「筆入レ」、「耳掻キ」、「水差シ」などと言った場合である。「手洗イ」という表現も一応この型であるが、これはすでに触れたことのある「婉曲話法」の場合で、もっとも主な用途を言うのを避けて、それと時間的近接の関係にある行為をもって代えている。

その他、細かい場合だと、「ビールヲフタビン飲ム」などと言う時の「ビン」はもちろん容器ではなく、そこに入っている内容である。「シェイクスピアヲ読ム」と言う場合は、作家の名前がその作品に転用されているわけである。

5 語形の類似性に基づく場合

これは、ある語がたまたまそれと形が似ている語との間に連想が生じ、その意味が後者の意味によって影響を受けるというような場合である。多くの場合、意味が完全に変るというよりは、別な意味がさらに読み込まれるようになるという程度の変化である。

ここにはすでに民間語源ということに関して述べた例の多くが属する。まだ取りあげていないような例について見ると、「ハナムケ（ノ言葉）」などと言う場合の「ハナ」は本来「鼻」であって、旅立ちに際して乗馬の鼻面《はなづら》を出かける方向へ向けたことを意味していたのであるが、おそらく現在ではこの「ハナ」は「花」と連想され、新婚旅行に出かける二人へ送られる花束などが想像されるのではないかと思われる。子供たちの伝統的な遊びであった「ママゴト」も同じである。本来は「ママ」の部分は〈食事〉の意味であるが、今では〈お母さん〉の「ママ」と連想され、子供たちはお母さんの仕事の真似をして遊ぶことという程度に感じているようである。

「忌詞《いみことば》」と言われているものには、このようにして成立しているものがいくつかある。例えば、数字の「四（シ）」や「九（ク）」はそれぞれ「死」と「苦」との連想があるということで使うことを避けたりすることがある。旅館などで「四号室」や「九号室」が設けてないということがあったり、「シ」や「ク」の代りに「ヨン」や「キュウ」という読み方をして連想を避けるというようなことが行なわれたりする。「猿（サル）年」の結婚が「去ル」ということに連なるという迷信も、同種の連想に基づいている。

場合によっては、もとの意味がほとんど忘れ去られてしまっていて、話し手は自分の個人的な想像で勝手な意味を読み込む他はないというようなこともある。例えば、お相撲さんに「アンコ型」というのがある。子供の頃から筆者はこれを甘い「餡（アン）コ」と漠然と連想していた。

餡の入ったまんじゅうみたいに丸いお腹ということで結びつくのか、あるいは、その種の甘いものをよく食べて太った人のようだということなのか、そのあたりはあまりはっきりと考えてみていなかった。ところが、実際にはこの「アンコ」は魚の「鮟鱇(アンコウ)」のことで、その口と似た形の花器との連想から生じた言い方らしい。したがって、本来まったく関係のない意味合いが想定されていたわけである。

この種の個人的なレベルでの連想は誰しも経験があるはずである。たとえそれが実際の「正しい」捉え方とは違っていても、このような現象は言葉というものが単にすでに与えられている意味を表わすというばかりでなく、自らそれ以上の新しい意味を創造する潜在性を有しているということを示唆している。すでに見た「無理問答」は、そのような潜在性を意識的に顕在化してみせる言葉遊びである。「リョーサイケンボ」というのは伝統的には「良妻賢母」ということであるが、現代的な解釈は「料裁健母」だそうである。これはどうであろうか。

最近ときどき問題になる「気ノオケナイ」という表現の意味の変化も、広義での語形上の類似に基づいているように思われる。この語の本来の意味は〈気詰りな思いをしなくてすむ、気楽な〉ということであったのが、次第に〈安心してつき合えない、警戒すべき〉の意味で用いられるようになって来ていると言う。おそらく「気ノオケナイ」という言い方が「気ヲ許セナイ」といったような言い方と形式上の類似を通じて連想され、後者の意味が前者に影響するようになったものと思われる。

6　語形の近接性に基づく場合

例えば、相手から受けた好意に対しあまり改らない形でお礼を言う時に「ドウモ」という表現を使うことがある。「ドウモ」という表現自体は〈大変〉というような程度を強める言い方であるから、これだけでは論理的には筋の通らない言葉使いである。もちろん、実際にはこの「ドウモ」は〈ありがとう〉という意味で使われているのであるが、このような意味で使えるのは、「ドウモアリガトウ」という言い方で「ドウモ」と「アリガトウ」という語形がたがいに近接の関係で頻繁に出てくるからである。「ドウモ」と言えば後に来るのが大体見当がつくから、最後まで言わなくてもすむというわけである。京言葉の「オオキニ」もまったく同じように説明できる。「ドウモ」という表現は、お礼の場合だけでなくお詫びの場合にも出てくるが、その場合は「ドウモスミマセン」のような言い方が想定されていると考えればよい。すでに見た通り、日本語では「スミマセン」という表現で〈お詫び〉と〈お礼〉が多義性を構成するということが起こっており、この多義性はそっくりそのまま「ドウモ」の意味にも持ち込まれているわけである。

かつては、切符なしで無賃乗車することを「サツマノカミ」と言うことがあった。これは「タダ乗り」を歴史上の人物「薩摩守忠度（サツマノカミ・タダノリ）」とひっかけた上、それと語形近接の関係にある「サツマノカミ」の部分に意味を移したわけである。

英語にはこの型の分かりやすい例がいくつかある。例えばsilverという語は本来〈銀〉であるが、これを〈銀貨〉の意味で使うことがある。この意味変化は、silverという語がsilver coinという形で使われているうちに、coin〈貨幣〉の部分をいちいち言わなくても〈銀貨〉の意味で使われているようになるという経路で成立した。同じように、daily newspaper〈日刊紙〉という言い方で、いちいちnewspaperのところまでを言わないで同じ意味を表わすということが行なわれるようになって、dailyは〈毎日の〉という意味から〈日刊紙〉という意味を生じさせたのである。

このような例からも分かる通り、語形の近接性に基づく意味変化の場合には、まず慣用的によく結合して用いられる言い方があり、次にその一部が省略され、その部分によって担われていた意味は残った部分に移されるという形で変化が起こる。その意味で、これを「省略」（ellipsis）による意味変化であるとか、「伝染」（contageon）による意味変化であるとか呼ぶこともある。日本語で「コノ辺ニハ電話ハアリマセンカ」とか、「一等ヲ二枚下サイ」などと言う場合も、もともと「電話器」や「一等ノ切符」ということであるとすれば、一応この部類に入れることができる。ホテルで「シングルノ部屋」と言えば、「シングル・ベッド」の意味での省略と考えることができよう。外来語で長すぎるものは、このやり方で勝手な短縮形が作られることがある。

「スーパー」や「アパート」、「デパート」などは、本来なら「スーパーマーケット」(supermarket)、「アパートメント」(apartment)、「デパートメント・ストア」(department store) という形で使われるはずのものである。

「花見ニ行コウ」とか「卵ヲ下サイ」などと言う場合の「花」や「卵」も今の場合に入れてよいかは、いくらか微妙である。この場合の「花」は〈桜の花〉、「卵」ならば〈鶏の卵〉かせいぜい〈うずらの卵〉あたりに決まっているわけであるが、厳密に語形上の近接性を介して意味変化が起こったというよりは、単に場面から判断できる部分が明示されないですまされるという形で生じた用法と考える方が妥当であろう。

7 意味の一般化と特殊化

意味変化の分類の仕方はこの他にもいくつかある。その中でも、もっともよく行なわれて来たものは、意味が一般化する(つまり、広くなる)場合、意味が特殊化する(つまり、狭くなる)場合、そしてそのどちらにも入らない場合というふうに分けるやり方である。このやり方は意味変化がどのような契機で起こるかということなどは説明せず、その結果だけを取りあげてもとの意味と比較するというやり方であるが、分かりやすいので伝統的にはよく行なわれて来た。

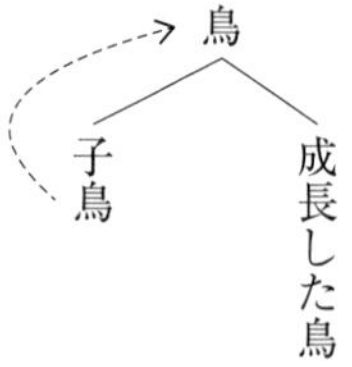

一般化

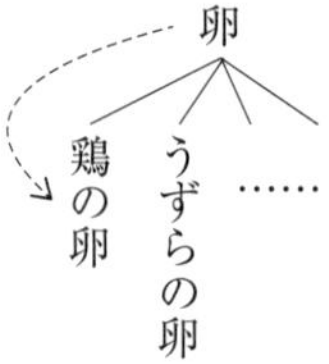

特殊化

ここで言う意味の一般化と特殊化ということをもう少し厳密に規定すると、次のようになる。前に語の意味ということをその語が使われる際に満たされているべき条件というふうに考えたことがあった。このような条件は語の使用に関する規定であるから、そのような条件が多くつけ加わっていればいる程、その語は特殊な場合にしか使えない。逆に、条件が少なければ、その語は広く一般に使えるわけである。意味変化という点から考えれば、これまでに課せられていたいくつかの条件のうちどれかが脱落するという形での変化であれば、それは意味の一般化であり、逆にこれまでのものの他にさらに何か条件が余計につくとすると、それは意味の特殊化であると言うことができる。

例えば、もともと〈子鳥〉を意味していた語（英語の bird がそうである）が後に〈鳥〉一般を表わすようになったとしよう。前にやった成分分析の仕方を使うと、〈子鳥〉＝〈鳥〉＋〈子〉と表わせるから、この意味変化は〈子〉という成分が脱落するというものであることが分かる。これは、本来この語の適用は鳥のうちでもまだ完全に成長していないものに限るという条件があったのが除かれたということで、その結果語の適用範囲は当然広くなる。つまり、意味の一般化が起こったわけである。

一方、例えば本来種類を問わず〈卵〉一般に対して適用された語が、後に特に〈鶏卵〉だけに適用されるようになったとしよう。成分分析的に表わせば〈鶏卵〉＝〈卵〉＋〈鶏〉ということであるから、今度は卵でも鶏のものに限るという条件がついたわけである。当然、語の適用範囲は前より狭くなる。つまり、意味の特殊化と言われる場合である。

この過程は、上位概念と下位概念ということでも説明できる。概念間に前頁図のような階層関係を想定すると、上位概念から下位概念へと移るのが特殊化であり、逆に下位概念から上位概念へと移るのが一般化であると言える。

特殊化か一般化かというだけでは、すべての意味変化の場合を覆いつくすことはできない。例えば「卵」という語を人間に対して用いて「医者ノ卵」などと言う場合は、もとの意味に対して新しい意味が上位概念であるとも下位概念であるとも言い難い。むしろ全然別の系列の概念へと移行したという感じである。このような場合は「転移」（transfer）と呼ばれ、この分類では「特殊化」、「一般化」のどちらにも入らないものはこの部類に含めるのがふつうである。

社会の中で、もともとある限られたグループの中で使われていた語が何らかのきっかけでそのグループの域を越えてもっと広く用いられるようになったり、あるいは逆に、広く一般に用いられていた語があ

る特定のグループに採用されて、その中で特別な意味で用いられるというようなことが起こる。語の意味の一般化と特殊化は、社会の中での語のこのような移動と密接な関係がある。一般に、語がある特定のグループから出て広く用いられるようになると、意味の一般化が起こるし、逆に、その使用がある特定のグループに限られるようになると、意味の特殊化が起こる。例えば、本来仏教関係の表現でその後一般に広く使われるようになり、場合によってはその起源さえもはや意識されないというような語がいくつかある。「知恵」は本来〈惑《まど》いを去り菩薩に至ること〉という仏教教義の中で明確な意味を持っていた語であるが、日常のレベルで用いられる場合の意味ははるかに広い。「説教」とか「精進《しょうじん》」、「因果」などについても同様である。「邪魔」というような語になると、その本来の使用域はほとんど意識されないで日常使われているように思われる。特に仮名で「じゃま」と書かれる場合はそうである。いろいろな学問分野における術語に関しても同じことが起こる。「原点」や「飽和」などは、日常生活ではずっと広い意味で用いられている。

この種の移動による意味変化で一時期よく話題となったのに「総括」という語がある。日本赤軍のあるグループの中でこの語が〈規律に反した者に対する私刑〉の意味で用いられていたことが知られると、この語はそのようなコンテクストを離れて〈お説教〉のような意味でおどけた調子で使うということが行なわれた。もとの意味に較べると、ずっと広いぼやけた意味である。しかし、赤軍関係の用語になる前はこの語は〈全体をまとめること〉の意味で一般に使われていたわけであるから、赤軍という特定グループに採り入れられた段階では意味の特殊化を経ているわけである。

同じような変化は、特定の社会グループというようなことでなくとも、特定のコンテクストでもっぱら用いられるということによっても起こる。例えば、食料品店で「卵ヲ下サイ」とか「肉ヲ下サイ」と言うような場合は、何の卵であるか、何の肉であるかはごく少数の可能性にしぼられて来る。あるいは桜の咲く頃に「花見ニ行コウ」と言えば、何の花を見に行くかは、ほぼ一義的に決まる。このような使い方が繰返されるうちに、本来一般的な意味の語にそれと並んで特殊な意味が結晶し、場合によってはその特殊な意味での用法が特定のコンテクストを離れて一般にも通用するようになるのである。「料理」という語も面白い。この語は本来は一般に物事の〈処理〉という意味で使われたものであるが、特に食物の処理というコンテクストでの用法が広く使われるようになっている。「難シイ打球ヲ料理シタ」と言うような場合はもちろん後になって出来た比喩的な用法であるし、またそのように意識されてもいるが、本来の意味のままであれば、特に比喩ということにはならなかったかも知れないわけである。

特定のコンテクストの中に入っていても、意味が狭くならないという場合もある。敬語の場合がそうである。例えば、「参ル」という語が〈行く〉と〈来る〉、「賜ワル」が〈与える〉と〈貰う〉の意味で使われるということはすでに見た。その他にも、「イラッシャル」は〈行く〉、〈来る〉、〈居る〉の意味で使われるし、「召ス」は〈着る〉、〈食べる〉、〈飲む〉、〈乗る〉などいろいろな意味で使われる。敬語の重要な機能の一つは、相手、あるいは話題となっている人に関することをあまり直接的に指すということを避けるということであるから、その意味で敬語表現がそれと対応すると思われる日常表現と較べられた場合、しばしば意味が広いということは不思議でないわけである。

最後に、意味変化に関しては特殊化と一般化はどちらがふつうであろうかという問題がある。特殊化とか一般化と言っても同時に転移がからんでいる場合も多いのであるから、あまり厳密なことは言えないわけであるが、この種の問題について論じた人の意見はほぼ一致して特殊化の場合の方が多いということになっているようである。

このことは、次のように考えればよいであろう。つまり、人間の生活はだんだんと複雑化し、細かい物事を区別して指すということの必要がふえてくる。そのためには、新しい語を作って宛てるというのも一つのやり方であるが、記憶力というようなことからも、語の数は無限にふやすわけにも行かない。そうすると、すでにある語にもっと特殊な意味をさらに持たせて必要な物事を指すということが行なわれることになる。そのようなことが広く行なわれるとすれば、当然意味の特殊化という場合の事例が増すことになるわけである。

8　意味の向上と堕落

意味変化の分類でもう一つ従来よく行なわれて来たのは、意味が「よく」なったか、あるいは「悪く」なったかという観点からのものである。この分類も意味変化の結果だけを問題にするものであるし、それに意味が「よい」とか「悪い」とかいうのは大変主観的なことであるから、学問的にはいろいろと問題はある。

この観点から捉えられる意味変化にも、社会的な事情が反映することが多い。例えば、「女房」とか「女中」という語も本来はかなりな身分の者を表わしていたが、後になると指される範囲がずっと広くなり、それに伴なって意味の堕落ということが起こったと捉えられる。英語の lady はもともと〈粉を練ってパンを作る人〉という意味の複合語であるということはすでに見た。この語はそのような語源的な意味で家庭の〈主婦〉という意味で使われていた段階から次第に意味が向上して身分の高い〈貴婦人〉を指すようになる。そして今度はその適用範囲が拡げられるにつれて意味が落ち始め、女性であればすべて lady であるという現在の用法に落着いた。この語に対応する gentleman にも同じような経過が見られる。本来は gentle は〈高貴な〉ということで身分の高い男性だけが gentleman であったが、今では男性であれば誰でも gentleman になれるわけである。

日本語の「貴様」というのも文字から分かる通り、本来は相手に対する敬意が多少とも入っていた表現であろう。しかし、この語は明治の中頃からむしろ相手をののしる表現としてもっぱら用いられるようになったという。後の「貴女（アナタ）」と較べてみると、随分差があるわけである。

前に「婉曲話法」ということを取りあげたが、これが意味の堕落の原因になることもしばしばある。つまり、〈悪い〉ものを直接指さずに〈よい〉意味の言葉で遠回しに指すということを繰返しているうちに、その言葉自体が〈悪い〉ものそのものずばりを表わすという意味を持つものと解釈されるようになるわけである。〈便所〉を表わす表現がつぎつぎと取って代られるのはそのような過程が起こっているからであり、このことについてはすでに触れた。フランス語を習うと、〈少女〉のことを表わすのには fille とだけ言うのではなくて jeune fille と言わなくてはいけないと教えられる。fille は本来〈娘〉や〈少女〉（ちょうど日本語の「ムスメ」が自分の子供だけでなく、若い女性一般について用いられるのと似ている）という意味であったが、婉曲話法としてあるよからぬ仕事をする女性を指して用いられているうちにその意味に伝染され、それだけではまともな意味で使えなくなってしまったのである。病気に関する婉曲話法はいろいろあるが、英語で〈病気〉を意味する disease は語源的には〈安楽〉を意味する ease に否定の接頭辞 dis- がついたものである。本来は〈安楽さを欠いていること〉という漠然とした意味での婉曲話法であったのが、今では〈病気〉そのものを表わしている。「悪さ」の程度がより強まったという意味で、このような場合も意味の堕落の例とされることがある。日本語の「不快」という表現もやや敬語的なコンテクストで〈病気〉の意味で使われるが、英語の disease の場合とよく似ている。

日本語の「オメデタイ」は婉曲話法の効果をまだ保っているが、英語の silly の方はそうではない。この語はもともとは〈幸福な〉という意味（ドイツ語の selig〈幸福な〉と同じ語源の語）であったが、日本語の「オメデタイ」と同じようにひとりでいい気になっている人に婉曲話法として適用されているうちに、そのものずばりの〈愚かな〉という意味になってしまったのである。

本来中立的な意味の言葉が、ある特定のコンテクストの中でほとんど規則的によい意味か悪い意味かのいずれかだけで用いられるために、それがその語の副次的な意味として結晶するということがある。例えば「天気」と言えば、「晴」でも「曇」でも「雨」でも「天気」のはずである。しかし、「明日ハ天気ダヨ」と言えば、これは〈よい天気〉の意味である。逆に「今日ハ熱ガアル」と言えば、これは〈病的な熱〉ということで意味は悪い方へずれている。もちろん「熱」自体は中立的な語であるし、生きている限りは何らかの「熱」があるはずである。同じように、「運ガナイナ」と言う場合の「運」は〈幸運〉を意味しているし、一方、「モウ年ダネ」などと言う場合は〈かなりの年齢〉という意味で好ましくない方のニュアンスを含むのがふつうである。

英語でも〈運〉や〈運命〉を表わす語のうち、fortune や luck は一応中立的（例えば、good luck とも bad luck とも言える）であるが、形容詞形になった fortunate や lucky は〈幸運な〉ということしか表わさない。一方、fate や doom はどちらかと言うと〈宿命〉というような感じの語であるが、関連する派生形の fatal, fated, fateful, doomed などはすべて暗い悪い方の運命を暗示する表現である。I have a temperature という表現は日本語の「熱ガアル」と同じ悪い方への意味のずれを示しているし、一方 make a name for oneself のような表現での name〈名前〉は日本語の「名ヲ成ス」と同じように、よい方の意味への傾斜を示している。

この種の意味変化には、当然のこととして世情が敏感に反映される。ニュースの報道の中で「男ハ学生風デアッタ」などという表現を聞くと、かつて「学生サン」という表現が持っていた感じから随分変ったものだという印象を受ける。この程度のことではまだ意味変化というほどの段階にまでは行っていないのであろうが、この種の評価的なニュアンスがもっと定着してしまう場合もある。何でも目新しいものばかりを追う時代にあっては、古いものをそのまま守り続けるということがよいという意味合いを持ちうる。広告の表現の中などで「カタクナニ伝統ヲ守ル」というような言い方がされる場合、「カタクナニ」という語は明らかによい意味合いを持たされている。「破廉恥」という表現もかつては最大限の非難をこめられた言葉であったが、これが「ハレンチ」と書かれて劇画などに登場すると、むしろ「カッコイイ」と同じような意味合いを持たせているように思える。逆に「合理化」は本来はよい意味合いの言葉であったのであろうが、現在では労働者の解雇に連なるものとして反対されるべきものというニュアンスが強い。

一般的に言って、意味がよくなるのと悪くなるのとではどちらがふつうであろうか。これはもちろん大変主観的な判断がからむ問題であるし、厳密な議論はできない。しかし、この種の問題について関心を抱いた人たちの発言では、どうも悪くなる方が多いのではないかということである。ドイツ語の Gift〈毒〉の意味変化などこの点で大変示唆的である。この語は本来英語の gift

〈贈物〉と同じ語源の言葉であった。ところが中世の頃、人を暗殺するために「贈物」と称して実は毒の入ったものを与えるということが繰返されたために、そのものずばりの〈毒〉という意味が生じたと言われている。意味変化に見る限り、人間「性悪説」の方が有力なようである。

9　言語の習得の過程における意味変化

前節までの説明では、意味変化の問題をそのもっともふつうの観点、つまり、言語使用に関しての社会的な基準がどのように変るかという点から考えて来た。しかし、意味変化の問題はこれとはまた別な面でも興味ある形で取りあげることができる。

子供は生まれたばかりの段階では、言葉というような社会的な取りきめがあるなどということはもちろん何も知らない。次第に成長するに従い、そのようなものの存在を意識し、その習得が始まるわけである。その習得の過程で、子供たちはもちろん最初の段階から大人と同じ意味をすべての語について知っているわけではない。最初は多かれ少なかれずれた意味であったものが、自分の観察や大人からの教示を通じて次第に修正されながら、社会的に認められている意味に近づいて行く、この過程で、多くの語は意味変化を経るわけである。

ごく最初の段階では、幼児の発する音声はまだ言語音にはなりきっていない。この時期の幼児はあらゆる可能な調音を試みており、この時期であれば、後にどのような言語の音声であっても同じ条件で正確に習得できると言われている。そのうちに次第に幼児の発する音声はその言語で用いられている音の方向へと固まり始めるし、幼児の方でも大人の発する語を意図的に模倣してみたりする。

この段階で幼児が例えば一応「ママ」と聞きとれるような発音をしたとする。この音声が〈母親〉というような意味を持っているかと言えば、もちろんそのようなことは言えない。意味がそのように明確なものになるためには、少なくともこの他にも語として認知できるような形が存在していて、それらとの関連でこの特定の形の持つ意味が限定されていることが必要である。そのように他に限定するものがない場合は、その形の意味はまだきわめて不確かな輪郭のはっきりしないものである。このような状態では、その形の表わす意味は結局それが使われている特定のコンテクストに高度に依存したものになる。それは〈お母さん、来て〉ということかも知れないし、〈抱き上げて〉ということかも知れない。〈何か食べるものを〉ということかも知れないし、単に〈お腹が減った〉ということかも知れない。あるいは〈誰でもよいから何とかして〉という程度のことかも知れないのである。少なくともそこでは、〈母親〉と〈食物〉とは未分化のままなのである。

もし幼児が例えば「ママ」と「マンマ」(あるいはそれらに近い音)を一応区別して出すこと

ができるようになり、それぞれが一応異なる場面と結びつけられて用いられるというようになれば、始めてそこで語としての意味が成立して来つつあると考えることができよう。「ママ」は〈母親〉に関するコンテクスト、「マンマ」は〈食物〉に関するコンテクストというような分化が生じてくるわけである。しかし、この段階でも幼児の「ママ」や「マンマ」にはまだ大人の諒解している意味とは重要な点でずれている。つまり、子供にとってのこの段階での「ママ」や「マンマ」に近い語形は、大人にとってのように〈母親〉とか〈食物〉という概念を表わすというようなものではなく、〈母親〉や〈食物〉に関して何らかのことをして貰いたいという、いわば聞き手の行動をうながす働きかけ的な機能を持っているということである。ふつうの言葉で言えば、「オ母サン、来テ」というような命令形の表現の持っている機能に近いわけである。それは思考の整理や発展の手段と言うよりは、むしろ他人を動かすための手段として機能しているわけである。

この段階で幼児の使う「ママ」が一応〈母親〉のことを表わすとしてみよう。それでもまだ、大人にとっての意味とは概念的にも一致しない。幼児にとって「ママ」という語が表わすのは、まず〈自分の母親〉である。つまり、この段階での「ママ」は、まだ固有名詞に近い状態にあるわけである。大人の眼から見ると、幼児の感じている意味は狭すぎるわけである。

やがて幼児は言葉は特定の一つのものを指すのではなく、ある条件さえ備えていれば同種のいくつもの対象に適用できるということを知るようになる。語が概念形成の過程と結びつくのである。この段階では、例えば窓から外を見ていた幼児が自分の母親ぐらいの年輩の女性を見かけて、「アッ、ママダ」などと呼ぶことがある。この段階での子供にとっての「ママ」の意味には、自分にとって親であるという生物学的な条件が入っていないのであるから、大人にとっての「ママ」の意味よりはずっと広すぎるわけである。もちろん、このような言葉使いは廻りの人によって訂正を受ける。狭すぎたり、広くなりすぎたりしながら、幼児の使う語の意味は次第に大人のもの、つまり、社会的な基準へと近づいて行くわけである。

同じような過程は、幼児の使う「ワンワン」というような語についても見られる。幼児にとっては多くの場合、まず最初にこの語の意味するのは自分の家で飼っているか、あるいは近所でいつも見つける特定の犬であろう。これはもちろん狭すぎる意味である。それが訂正された後では、絵本などを見ていた幼児が犬と似た動物、例えば狼などの絵を見つけて「アッ、ワンワン」などと言うことがあろう。この段階では幼児の感じている意味は明らかに広すぎる。やがてこれが修正され、「ワンワン」というような幼児語がふつうの「犬」に置きかえられることによって、この語に関する幼児の意味習得は一応完了するわけである。

このように個人の言語習得のいろいろな段階を通じての意味変化というものも大変面白いテーマであるし、異なる言語間で過程に相違がありうるかどうかなどというのも興味ある問題である。しかし、言語全体における歴史的な意味変化に較べると、まだまだ実際的なデータの蒐集に関しても遅れているように思われる。

10　語の廃用化

語がその言語で用いられなくなることが廃用化である。廃用化は意味変化のもっとも極端な場合と考えられる。つまり、通常の意味変化の場合なら、語は少なくともその新しい意味で使われ続けるわけであるし、原義の方も残るならそこで多義性が成立するだけのことである。廃用化は、その語の意味が言わば〈ゼロ〉に変化した場合と考えればよい。他にまだ意味が残っているなら、単に部分的な意味の廃用化だけであってその語自体はまだ使われ続けるわけであるが、その語のすべての意味に関してそのようなことが起これば、語の廃用化ということが起こる。

ある語がどうして使われなくなるかということを説明するのは容易ではない。意味変化の場合だと、原義と転義を比較してみるということができるが、廃用化の場合は言わば転義が〈ゼロ〉であるから、較べる相手もないわけである。実際、廃用化の個々の場合を取りあげてみても、気まぐれとか流行とか偶然などといったふうにしか説明できないと思われることが非常に多い。

しかし、中でも廃用化の原因が比較的明らかであると思われる場合が一つある。それは、かつては存在した物や制度、習慣、概念などがその後の社会的な変化によってなくなってしまい、それに伴なってそれらを指すのに用いられた語も自然と用いられなくなったという場合である。例えば「角髪（ミズラ）」と呼ばれた髪型、「防人（サキモリ）」、「検非違使（ケビイシ）」、「奉行（ブギョウ）」などといった制度は今では存在しないから、自然とそれを表わす語も日常で使われる機会はない。ただ、このような語もかつての習慣、制度などについて語る時は用いられるから、その意味では完全な廃語ではない。この種の語は、辞書（とりわけ、外国語の辞書）では《史》(historical) という表示がついているのがふつうである。つまり、歴史的なことについて語る時にのみ用いられる語ということである。映画の『羅生門』がアメリカで上演されたのを見た時、「検非違使ノ所へ行ク」という台詞が‘go to the police station’という字幕で出ていたので大変奇妙な印象を受けたことがある。かつての検非違使と今の警察は確かにその職務上で対応する面はあるが、それぞれたがいに異なる社会制度に属するものとしてその間に連続性を感じるのが困難であるからである。

角帽などというものも、かつては大学生の象徴として幅をきかせたものであるが、今ではほとんど見かけなくなり、「角帽」という語自体耳にする機会もきわめて少なくなって来ている。この語もそろそろ「史語」の仲間に入りかけていると言ってよいのであろう。

目で見てそれと分かるような物や習慣、明確な社会制度であればそれがなくなったということが判定できるが、抽象的な概念というようなものになると、そのような点は当然ぼやけて来る。例えば、「開明」とか「博愛」という語は何となく明治の頃の匂いがする。‘civilization’とか

'philanthropism' という語で表わされる概念自体は別に今でもなくなったわけではないから、「開明」や「博愛」という語がふつうに聞かれなくなったのは、指示物自体の消滅による語の無用化としては説明できない。しかし、一方ではこれらの語は特定の時期の社会の関心や風潮と強く結びついて用いられたものであり、それらがなくなると共に語の方も自然と用いられる機会がなくなって来たものである。その意味で、指示物の廃用化ということと後に触れる流行ということとの両方が関係している場合と考えることができる。第二次世界大戦後に流行した「タケノコ生活」(つまり、持っているものをタケノコの皮を一枚ずつはぐように少しずつ売って遣り繰りしていく苦しい生活)というような表現もこの部類に属するものであろう。表現がこのように特に比喩的な形式をとる場合は、一層流行ということと結びつきやすくなると思われる。

概念それ自体は特になくなったとも思われないのに、もともとそれを表わした表現がすたれ、別の表現によってとって代られるということもある。例えば、'democracy' に対しては、もともと「民本主義」という訳語が使われたことがあったが、今では、このような言い方をしない。「民主主義」というのがふつうである。指している概念自体にはこの間特に根本的な変化はあったとも思われないから、「民本主義」の廃用化の説明としては流行といったような形でしか可能でないように思われる。指されるのがもっと具体的な物である場合にも、同じようなことが起こりうる。例えば「郵券《ゆうけん》」が「切手」に変ったり、「停車場《ていしゃば》」が「駅」にとって代られたりするような場合である。筆者の幼い頃の京都ではまだ「停車場」という呼び名がふつうであり、「駅」

というのは大変気取った感じのする表現として受取っていた記憶がある。祖母の口からは「最大特急デ」（つまり、〈大急ぎで〉）という比喩的な表現が聞かれていた時代である。明治の頃のコンテクストでは、外国に勉強をしに行くことについて「遊学」という言葉が使われるのがふつうであったが、今ではこの語はほとんど聞かれなくなった。「留学」というような言い方がそれにほぼ近いものとしてとって代っているように思われる。これは、おそらく「遊ブ」という語が〈学ぶ〉とか〈よその土地を訪れて風物、風景を楽しむ〉というような意味では日常使われなくなったこととも関係があろう。しかし、「遊ブ」を現代的な意味でとれば、現在の「留学」はむしろ文字通り「遊学」と呼ばれるにふさわしい場合もふえているのではないかとすら思われる。

以上、語の廃用化の原因を語の指示物との関連で見て来たが、もう一つ重要な要因として働いているのは、語の音形である。語の音形は語の廃用化の問題とはいろいろな形で関係するが、その一つは短い語、とりわけ一音節程度の語は文の中で使われるとその前後の語の間に埋れて目立たなくなり、曖昧さを生じる恐れがあるので、その使用が避けられるという考え方である。もちろん、短いということだけで廃用化の決定的な原因となるとは言えない。日本語には「エ（餌）」、「オ（尾）」、「ス（酢）」、「タ（田）」、「ネ（根）」、「ハ（葉）」、「ユ（湯）」など一音ないしは一音節の語が多くあるが、それらがすべて廃用化の方向へ進んでいるというような気配はない。しかし、一方、すでに触れたようにこれらの語のそれぞれに対して「エサ（餌）」、「シッポ（尻尾）」、「オス（お酢）」、「タンボ（田圃）」、「ネッコ（根っこ）」、「ハッパ（葉っぱ）」、「オユ（お湯）」など、もっと長い形が同義的にとりわけ口語では好んで用いられる。ここには、あまり目立たない語を補強したいという心理が確かに働いているように思われる。

音形が廃用化の問題と関係しうるもう一つの場合は、同音性ということを通じてである。すでに見た通り、同音語どうしであっても品詞が別であったり、意味が非常にかけ離れていて同一の場面で用いられる可能性のまずないようなものであれば、伝達の上で障害になることはなく、したがってどちらかの語が廃用化するきっかけになるというようなことは起こらない。例えば、助動詞の「マス」や「タイ」は名詞の「マス（鱒）」や「タイ（鯛）」と混同されるということはまず考えられない。品詞が同じで使われる場面も非常に近いような場合でも、一方に別の読み方が与えられる可能性があるなら、衝突は回避される。すでに触れた「シリツ（市立）」と「シリツ（私立）」のような場合である。

しかし、廃用化までは行かなくても、同音性の故にある語を使うのに何となくためらいが感じられるというような経験ならば誰しもあるはずである。筆者の個人的な経験では〈芽が出る〉という意味の「モエル（萌エル）」は同音語である「モエル（燃エル）」の存在の故に何となく使い難い語である。料理用語の「イタメル（炒メル）」にも「イタメル（痛メル）」との同音性を意識する。

同音性は場合によっては多義性と区別できないということはすでに触れたが、問題を多義性の場合にまで拡げるとさらにいくつかの例を見出すことができよう。例えば「心憎イ」という表現は「憎イ」という部分の存在のために、何となく気になる表現である。こういう傾向は連想される対象がタブーに属するものである場合には、もっとも明確に現われてくる。「桃色」という表現は本来自然の対象から転用された色彩名としてごくふつうのものであったが、性的な連想が生じてからはこの語を本来の意味で安心して用いることがかなり困難になってしまった。「ピンク」という外来語が同じ色彩に対する名称として代って広く用いられるようになったのは、おそらくそういう背景があったのであろう。しかし、この新しい表現の方の「ピンク」も、現在では全く同じタブーに抵触する語になってしまっている。

「桃色」と「ピンク」の場合もそうであるが、外来語との関連でその言語本来の表現が用いられなくなるということがある。もちろん外来語が入って来たからといって、それに対応するその言語本来の表現が必ず廃用化するとは限らない。すでに同義性の問題との関連で見た通り、「ライス」と「ごはん」、「アイス」と「氷」のように、両者の間でいくらか意味の差を生じる場合もあるからである。しかし、外来語の方がある種の必要に応じて、あるいは一時的な流行に乗って用いられるようになることもある。先程の「ピンク」の場合とか、あるいは日本語では言い難い「妻」の代りに「ワイフ」と言ってみるというような場合には、自分たちから縁遠いもの、したがって指示機能があまり直接的でないものとしての外来語の特徴が利用されている。これに対し、「百貨店」の代りに「デパート」、「旅館」の代りに「ホテル」というような表現が用いられる場合は、外国の（よりすぐれていると想定される）文化を担うものとしての外来語の機能が利用されているわけである。この傾向はファッション関係の表現で一番極端に達しているように思われる。例えば、「ミディノスカートハ茶ノベルベット、ロングスカートハ茶トピンクガオリマザッタシルク、ブラウスハアイボリーデ羽ノヨウナクレープ」のような広告の文句では、名詞のほとんどが外来語に置きかえられている。これら外来語のすべてに対応する日本語本来の言い方があるわけでもないし、また、対応するものがあってもそれらがすべて外来語によってとって代られるわけでもないが、外来語を珍重する傾向が場合によっては廃用化に導きうるということも確かである。

第六章

文法と意味

「猫ガネズミヲカム」というような文は、いくつかの異なった観点から分析することができる。第一は「名詞（猫）」＋「助詞（ガ）」＋「名詞（ネズミ）」＋「助詞（ヲ）」＋「動詞（カム）」というようなやり方、第二は「主語（猫ガ）」＋「目的語（ネズミヲ）」＋「述語動詞（カム）」というふうなやり方、第三は「動作主（猫ガ）」＋「被動体（ネズミヲ）」＋「行為（カム）」というようなやり方、第四は「主題（猫ガ）」＋「叙述（ネズミヲカム）」というやり方、そして第五に、この文が「猫ガドウスルノ」という問いに対する答えだとして、「既知（猫ガ）」＋「新出（ネズミヲカム）」と分けるようなやり方である。この五つの分析の仕方は、たがいに一対一に対応するとは限らない。以下、それぞれの場合について検討して行くことにする。

1　品詞と意味

　第一のやり方は、いわゆる「品詞」による分析である。「品詞」というのは、語をある基準に基づいて分類した際の区分であり、「名詞」や「動詞」、「形容詞」などというのはそのような区分に対して与えられた名称である。

　語を「品詞」に分類する際の基準としては、三つのものが考えられる。まず第一は「形態論的」基準によるもの、つまり、その語がどのような語形変化をするかという観点からの分類である。例えば、五段活用（走ラ／走ロ、走リ、走ル、走ル、走レ、走レ）や下一段活用（投ゲ、投ゲ、投ゲル、投ゲル、投ゲレ、投ゲロ）などと呼ばれる型の活用をするのは「動詞」であるし、それに対し、「小サカロ、小サク、小サイ、小サイ、小サケレ」のような型の活用をするのは「形容詞」というような区別の仕方である。英語の場合だと、「動詞」は時制による変化（run—ran）をするが、形容詞は比較による変化（smal—smaller）をするというような特徴づけも可能である。

　しかし、この基準はもちろん語形変化をする語にだけしか適用できない。英語には「名詞」にも活用があるから、数や格による変化（cat—cats —cat's）をするのが「名詞」であるというような特徴づけができる。しかし、日本語の「名詞」には活用はないから、この観点からの区分はできない。

品詞分類の基準として考えられる第二のものは、「統語論」的な機能、つまり、文中でその表現がどのような文法的な地位を占め、働きをしているかということである。例えば、「□ガ□ヲ□」というような文型を設けておき、「ガ」や「ヲ」を後に伴なって現われうるものは「名詞」、「ヲ」の後に来て文をしめくくるものは「動詞」というような分け方である。このようにしてある品詞が規定されれば、今度はそれを前提にそれとの関連で他の品詞を規定するということも可能である。例えば、「名詞ガ□」、「□名詞」というような型である。英語のような言語であれば、後者によって一応「形容詞」を「動詞」から区別することも可能であろうが、日本語の場合には前者の型（「人ガ歩ク」、「人ガ多イ」）でも、後者の型（「歩ク人」、「多イ人」）でも「形容詞」と「動詞」は十分区別されない。

品詞分類に関して考えられる第三の基準は「意味論」的なもの、つまり、その語がどのような意味的な特徴を有しているかという観点である。例えば、〈もの〉を表わす語は「名詞」、〈行為〉を表わす語は「動詞」、〈属性〉を表わすのは「形容詞」というような規定の仕方である。しかし、この規定の仕方はいろいろな点で不都合なことが生じる。例えば「疾走」とか「投球」というのは、〈動作〉であろうが、これらの語は「動詞」でなく「名詞」である。同じように「美シサ」とか「悪」は〈属性〉を表わしてはいるが、「形容詞」ではなく「名詞」である。

以上三つ挙げた基準のうち、最初の二つと最後の一つとの間には基本的な違いがある。最初の二つはその語がどういう語形変化をするかとか、文中でどういう位置を占めうるとか、いわばその語の〈具体的〉な特徴をもとにしての分類であるのに対し、最後のものはその語がどのような意味を持つかというような、いわば〈抽象的〉な特徴に基づいての分類である。最近よく使われる術語をやや緩かな意味で使って言うと、前者は〈表層的〉な特徴、後者は〈深層的〉な特徴に基づく分類である。ふつう、「品詞」と言われる場合は、その語の〈具体的〉な〈表層的〉な特徴に基づいての分類である。例えば、「美シサ」や「悪」という語が「形容詞」ではなく「名詞」とされるのは、それが文中の「□ガ□ヲスル」の空所のような位置に現われうるからである。

この例からも分かる通り、第一の「形態論的」、第二の「統語論的」という表層的な基準で語を分類した場合と、第三の「意味論的」という深層的な基準で語を分類した場合とでは、必ずしも一対一の対応が見られないわけである。従来の品詞の規定の試みでは「名詞」は〈もの〉、「動詞」は〈行為〉、「形容詞」は〈属性〉をそれぞれ表わす語と規定しようとするといろいろ問題が出ることが指摘されて来たが、両者はもともと表層と深層という異なるレベルでの分類なのである。

むしろ、両者が異なるレベルの分類であることを認識した上で、その間の対応関係を調べてみると、また言葉の持つ重要な働きの一面が明らかになってくる。かりに「名詞」、「動詞」、「形容詞」という三つの品詞だけに限って、これを〈もの〉、〈行為〉、〈属性〉という深層的な分類と対応させてみると、もっとも目立ったことは、〈行為〉や〈属性〉は「動詞」や「形容詞」として表わされるばかりでなく、「名詞」としても表わされうるということである。このような場合、「動詞」や「形容詞」として表わされるのと「名詞」として表わされることとの間にどのような違いがあるのであろうか。ひとくちで言えば、意味的には同じであってもその提示の仕方が変って来ているということなのである。

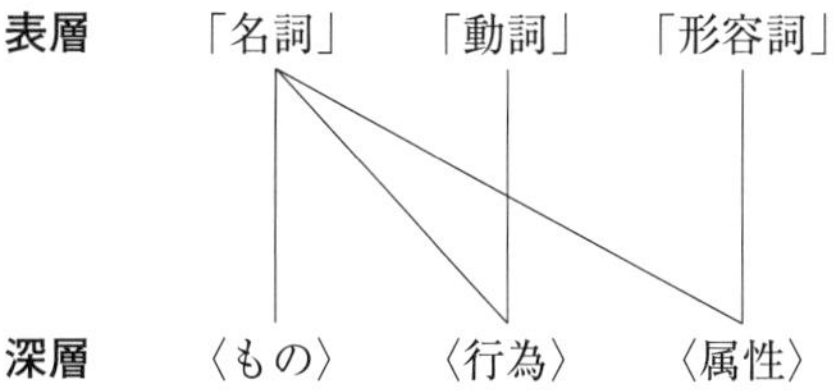

例えば、「美シイ」と言えば〈美〉ということが誰か、あるいは何かに帰せられるべき属性として捉えられている感じであるが、「美シサ」と言うと、〈美〉というものがそれ自体存在しているかのような印象を受ける。同じように、「帰ル」と言えば、誰か、あるいは何かについて〈帰還〉ということが起こるという感じであるが、「帰リ」と言うと、誰か、あるいは何かという感じはずっと薄れてしまう。

このような感じはどこから由来するのであろうか。「美シサ」や「帰リ」と言われる場合は、それぞれ表わされている属性や行為が〈もの〉的に捉えられていると考えることができる。〈属性〉や〈行為〉は本来は何かについての属性や行為であり、何らかの〈もの〉を予想する。逆に〈もの〉自体は通常不特定多数の属性や行為と結びつく。例えば、〈栗毛の〉と〈いななく〉という属性や行為は〈馬〉を予想するし、それなしには成り立たないであろうが、一方〈馬〉に関する属性や行為はその他にもたくさんあり、特に〈栗毛の〉とか〈いななく〉を予想しなければならないというような関係ではない。〈属性〉や〈行為〉は〈もの〉に依存するが、〈もの〉が特定の〈属性〉や〈行為〉に依存する度合ははるかに低い。〈もの〉は自立性が強いのである。

本来〈もの〉でない〈属性〉や〈行為〉を名詞として表現するということは、それらを比喩的に〈もの〉として提示することと言える。その結果、〈属性〉や〈行為〉が他の何かと関係するのでなく、自立したものとして捉えられるのである。自立したものということは、しばしば提示されている内容が既知のもの、すでに諒承ずみのものという意味合いと結びつく。例えば、話の冒頭で「彼女ハ美シイ」と言ったとすれば、彼女の美しさがそこで始めて言及され主張されているという感じである。しかし、もし冒頭から「彼女ノ美シサハスバラシイ」と言われたとすると、〈彼女が美しい〉ということはすでに前提として受けられており、その上でそれが著しい度合のものであることが述べられているという感じである。これはちょうど「石ハ重イ」というようなことを言う場合、〈石〉というものの存在がすでに諒承された上で陳述がなされているように受取れるのと同じである。

本節の最初の部分で見た通り、「名詞」は〈もの〉を表わす語とは限らない。しかし、その後の検討からも明らかな通り、指されているものが〈もの〉でなければ、名詞はそれを〈もの〉化して提示するという働きも有している。この場合、指されているもの自体は〈もの〉ではないのであるから、名詞として表現することの有するこの効果は、純粋に言語的な操作、いわば、言語によって作り出された虚構である。「名詞化」の持つこのような働きは「実体化」(hypostatization)と呼ばれることがある。実体化された抽象概念はそれ自体虚構であるにもかかわらず、あたかも一つの実体であるかのように人間を動かすことがある。これも言葉のもつ一つの重要な働きである。

2　主語、目的語と意味

第二の分析では、「主語」、「述語」、「目的語」などの術語を用いて行なわれる。これらの術語も本来は表層的なレベルでの文の構造に関するものである。例えば日本語では、「ガ」を伴なって表示される部分は文の他の構成要素との間に次のようにかなり規則的な対応を示す。

石ガ　動ク
太郎ガ　**石ヲ**　動カス

花子ガ　幸セニナル
太郎ガ　花子ヲ　幸セニスル

水ガ　飲ミタイ
太郎ガ　水ヲ　飲ム

雨ガ　降ル
太郎ガ　雨ニ　降ラレル

犬ガ　カム
太郎ガ　犬ニ　カマレル

花子ガ　来ル
太郎ガ　花子ニ　来テモラウ

太郎ガ　花子ヲ　見ル
花子ガ　太郎ニ　見ラレル

つまり、「ガ」を伴なって表示されている部分は、文型に従って他の文で「ヲ」を伴なって表示されている部分や「ニ」を伴なって表示されている部分と一般的な対応関係を示している。文法で言う「主語」とか「目的語」という術語は、本来はこのような形で一定の文法上の性質を示す単位に対して与えられる術語である。例えば、右の例では「ガ」を伴なう部分に「主語」、「ヲ」を伴なう部分に「目的語」というような呼び名を与えるのである。

このような意味での「主語」や「目的語」という概念がどの程度有用であるかは、それぞれの言語の文法的な性格によってかなり違ってくる。例えば、英語では「主語」になった表現が三人称単数であれば述語動詞は現在時制の場合は -(e)s をとるということがある。「主語」になったものの性質によって同じ文中の他の表現が語形上で規定を受けるというようなこと（いわゆる「一致」と呼ばれる現象）があるのであれば、「主語」の概念は当然きわめて重要なものとなってくる。この他にも英語だと、疑問文の場合は「主語」が述語動詞の後に置かれるとか、命令文の場合は二人称の「主語」が消去されるとか、「主語」という文法的な範疇を立てておくことによって得られることが多い。一方、日本語の場合は「主語」に関して「一致」というようなこともないし、疑問文や命令文の場合も特に「主語」という範疇に言及する必要はない。「主語」という概念が文法上の説明で有効に機能する範囲は、英語などの場合に較べるとはるかに狭いのである。（後に見るように、日本語では「主語」より「主題」という概念が重要な役割を果しているように思われる。）

「主語」や「目的語」という概念は、表層的な文におけるある種の文法的な関係を説明するためのものであるから、深層的な意味範疇とは必ずしも一対一に対応しない。例えば、「猫ガネズミヲカム」という文では、主語の「猫」は〈かむ〉という動作の主体、つまり〈動作主〉を表わし、一方、目的語の「ネズミ」は動作を受けるもの、つまり〈被動体〉を表わしているととることができる。しかし、一般に「X（主語）ガY（目的語）ヲ～スル」という文法構造を持つ文が常に〈X（動作主）ガY（被動体）ヲ～スル〉という意味構造を有しているかというと、そうとは限らない。

「猫ガネズミヲ見ル」とか「太郎ガ花子ヲ思ウ」のような場合は、ねずみや花子はまだ抽象的な形で行為の対象になっていると言えるかも知れない。しかし、「猫ガネズミヲ追ウ」や「太郎ハ花子ヲ追イ越ス」のような場合になると、ねずみはそれなりの動作をしているし、花子は太郎の追い越すという行為とは直接の関係がなく、たまたまそこに居ただけという感じがする。「太郎ガ東京ヲ離レル」とか「猫ガ屋根ヲ登ル」のような場合になると、目的語として表わされているものは〈被動体〉などと呼べるようなものではなく、単に動作や行為の行なわれている〈場所〉にすぎないという感じがする。

主語の場合でも、「太郎ガ本ヲ貰ウ」のような表現では、太郎は〈動作主〉であるどころか、むしろ本を与えるという誰かの行為の対象のような立場にある。自動詞構文を加えてよいなら、「太郎ガ歩ク」、「太郎ガ叫ブ」のような場合は主語は〈動作主〉を表わしているが、「石ガ転ガル」や「雨ガ降ル」のような場合にはもちろんそうではない。

深層的には同じ意味単位であってもそれが表層に移される場合、異なる品詞として提示され、異なる役割を有するようになりうるということはすでに見たが、それと同じように「主語」や「目的語」というのも表層の構造における範疇であって、深層における意味単位との対応は一対一ではない。例えば、花子と太郎の間で、前者から後者へ書物の譲与という行為があったとしよう。深層的には花子が〈動作主〉、太郎が〈受益者〉、書物が〈被動体〉というように一応考えることはできる。ところで、この出来事は言語表現としては「花子ガ太郎ニ本ヲ与エタ」とも「太郎ガ花子カラ本ヲ貰ッタ」、あるいはまた少し翻訳調でよければ「本ガ花子カラ太郎ニ与エラレタ」とも表わすことができる。「主語」の部分だけを見てみると、第一の文では〈動作主〉である花子がそうであるし、第二の文では〈受益者〉の太郎、第三の文では〈被動体〉の本という具合である。

三つの例文について、もう一つ注意しておくべきことがある。〈動作主〉である花子は第一の文では「ガ」を伴なって「主語」として、第二、第三の文では「カラ」という表示を伴なって用いられているが、この違いによって〈動作主〉としての花子から受ける感じにもかなりの差が出て来ている。つまり、「ガ」を伴ない「主語」として表わされている場合は花子の〈動作主〉としての感じはそのまま損われずに伝わってくるけれども、「カラ」を伴なう場合は形式的には花子は〈起点〉のように扱われており、〈動作主〉として働いたという感じはずっと薄くなる。

もう一つ、同じようなことを示す例として次の四つの文を比較してみよう。

花子ガ　来ル
太郎ガ　**花子ニ**　来テモラウ
太郎ガ　**花子ニ**　来サセル
太郎ガ　**花子ヲ**　来サセル

いずれも〈花子が来る〉という出来事に対する言及を含んだ文であるが、花子が〈来る〉という行為をすることにおいてどの程度〈動作主〉として自主的に行動したかという感じは四つの文では同じではない。第一の「ガ」を伴なう場合は、花子が自主的に行動したという感じがいちばん損われないで出ている。（あるいは花子の行動を強制する者がかりにいたとしても、少なくともそのことは明示されていない。）これに対し、第二、第三の文のように「ニ」を伴なって表現される場合、そしてさらに第四の文のように「ヲ」を伴なう場合と進むにつれて、花子の行動の自主性は明らかに減る感じがする。第三と第四の文のように同じように「サセル」という使役の表現を含む場合でも、「ニ」を伴なう方が「ヲ」を伴なう時よりも、花子の〈動作主〉としての資格は損なわれる程度が少ないと感じられる。「ガ」、「ニ」、「ヲ」をそれぞれ伴なう場合に「主語」、「間接目的語」、「直接目的語」というような術語を与えるとすれば、この順を追って自主的な〈動作主〉としての感じは薄れるわけである。

前節で品詞と意味の関連性について述べた際に、深層的には同じように〈属性〉や〈行為〉であっても、それが表層において「形容詞」や「動詞」として表わされるか、あるいは「名詞」とされるかによって提示の仕方が変り、受ける感じも違ったものになるということを述べたが、それと平行したことがここでも起こっていると考えてよい。一般的に言うと、表層的な文から受けとる意味は深層において関与する意味単位のみによって決まるのではなく、それがどのような表層的な構造として提示されるかによってもある程度の修正を受けるということである。

3 〈動作主〉、〈被動体〉など

第三の分析の仕方というのは、〈動作主〉（agent）とか〈被動体〉（patient）というような意味的な概念を用いてのものである。意味的な概念を用いるという意味では、この分析の仕方はこれまで検討したものが表層的なレベルのものであったのに対し、深層的なレベルでの構造に関するものである。

このレベルで立てられる〈動作主〉や〈被動体〉という概念については、次のように考えればよい。いま外界のある出来事が言語による表現の対象にされようとしているとする。その出来事には何らかの〈もの〉（あるいは、言語的に〈もの〉として捉えられうるような何か）が関与しているはずである。しかし、そのような〈もの〉がその出来事にどのような資格で関与しているかはさまざまである。例えば、外出していた太郎が帰って来たので留守番をしていた花子が鍵で玄関の扉を開けるという出来事があったとしよう。これは例えば次のような文で表現される。

花子ガ　太郎ニ　鍵デ　扉ヲ　開ケテアゲタ

この文は、この出来事を四つの〈もの〉が関与しているという形で表現している。しかし、この四つのものは同じ資格で関与しているわけではない。〈開ける〉ということに関して、〈花子〉が〈動作主〉、〈太郎〉が〈受益者〉(beneficiary)、〈鍵〉が〈手段〉、〈扉〉が〈被動体〉という関係にあるものとして提示されている。次の文にはさらに別な資格で提示されている〈もの〉が含まれている。

太郎ガ　大学カラ　家ニ　歩イテ帰ッテ来タ
花子ガ　家ニ　イタ

前者では、〈帰って来る〉ということに対して〈大学〉が〈起点〉(source)、〈家〉が〈到達点〉(goal)という資格で、後者では〈いる〉ということに対して〈家〉が〈場所〉(location)という資格で、それぞれ関係している。

このような資格は、たとえて言うならば劇の中で俳優が演じる役割のようなものと思えばよい。同じ俳優が場合によって異なった役割を演じるのと同じように、〈同一のもの〉でも言語的には異なる資格のものとして捉えられうる。例えば玄関での出来事を表わした文では〈太郎〉は〈受益者〉として提示されているが、大学からの帰宅についての文では〈動作主〉である。また、この同じ文では〈家〉は〈到達点〉であるが、次の花子の在宅に関する文では〈家〉は〈場所〉である。

日本語では出来事に関与する〈もの〉の資格を表わすのに、表層的なレベルで助詞が用いられる。言語によっては、同じことが名詞の格語尾として表わされたり、前置詞で表わされたりする。（日本語の助詞は、いわば後置詞である。）しかし、いずれにせよ、このような表層的なレベルにおける標識が深層的な資格を表わす意味範疇と一対一に対応するとは限らない。すぐ前の三つの例でも、同じ助詞の「ニ」が〈受益者〉としても、また〈到達点〉や〈場所〉の標識としても用いられている。前節でも、〈動作主〉である花子が場合によって「ガ」、「ニ」、「ヲ」など違った標識を伴なって用いられるのをすでに見た。

関与の際の資格を表わす以上のような範疇は、一体いくつぐらい想定すれば十分であるかというのは大変興味のある問題である。このような範疇は、人間が出来事を言語によって表現する際のいわば整理の枠のようなものであり、そう数は多くならないはずである。これまで挙げたようなものの他にも、人によっては「花子ガ家ニイタ」の〈花子〉のような場合には〈存在者〉、「僕ハ嬉シイ」の〈僕〉のような場合に〈経験者〉(experiencer)、「太郎ガ花子ヲ行カセタ」の〈太郎〉のような場合に〈使役主〉(causer)、「六時ニ花子ハ扉ヲ開ケタ」の〈六時〉に〈時間〉(time)というような名称を与えることもある。しかし、一方、この種の範疇のうちには区別をしないで一つにまとめてもよいと思えるものもある。例えば〈動作主〉と〈使役主〉と言われる場合の差は、後者では使役的な動詞（「セル」、「サセル」など）が伴なうということだけのようであるから、おそらく両方とも〈動作主〉として一つにまとめるという可能性もあるであろう。また、一つにまとめるというところまでは行かなくても、非常に似ていると思われるものもいくつかある。例えば、〈受益者〉というのは〈到達点〉と明らかな類似がある。前者は後者の特殊な場合、つまり、〈授受〉を表わす動詞を伴なうコンテクストで〈人間〉が〈到達点〉として機能している場合にすぎないと解釈することができる。〈時間〉と〈場所〉の間にもある種の平行関係があるのは明らかである。「六時ニ花子ガ扉ヲ開ケタ」は意味構造の上からは、「玄関デ花子ガ扉ヲ開ケタ」というような場合と平行している。〈玄関〉は〈場所〉であるが、「花子ガ家ニイタ」の〈家〉の場合とはいくらか違って、〈花子が扉を開けた〉という出来事全体の起こった〈場所〉を表わしているという感じである。〈時間〉という範疇は、この次元では〈場所〉と平行する。しかし、例えば〈存在者〉と〈被動体〉を関係づけてよいかどうかは、それほど明瞭ではない。このあたり、興味ある問題ではあるがまだ十分な解決に達していないというのが現状である。

4 〈主題〉と〈叙述〉

第四の分析の仕方は、文を〈主題〉(topic/theme) と〈叙述〉(comment/rheme) という二つの部分に分けて考えるというやり方である。少し前のところで、花子から太郎への書物の譲与という出来事が言語的に違ったふうに表現されうるということを見たが、同じ場合をここで、もう少し違った観点から検討してみることにする。

この出来事に関与している主要な〈もの〉は〈動作主〉の〈花子〉と〈受益者〉の〈太郎〉と〈被動体〉の〈本〉である。このうち、もっともふつうに予想される言い方は花子を文頭に出した言い方であろう。

花子ガ太郎ニ本ヲ与エタ

しかし、太郎や本を文頭に持って来た言い方というのも可能である。

太郎ニ花子ガ本ヲ与エタ

本ヲ花子ガ太郎ニ与エタ

そしてどの項を文頭に持ってくるかによって、同じ出来事を表わしていても重点の置き方が違っていることが分かる。文頭はその文の述べることの〈主題〉が置かれるいちばんふつうの場所であり、文の残りの部分がそれについて何らかの〈叙述〉を行なうという形になる。日本語では、この〈主題〉であることを表わす標識として「ハ」という助詞がある。先程の三つの文のそれぞれ文頭に出ている表現に伴なう格助詞は、すべてこの「ハ」でもって置きかえることができる。

花子ハ　太郎ニ本ヲ与エタ

太郎ハ　花子ガ本ヲ与エタ

本ハ　花子ガ太郎ニ与エタ

このような「ハ」は、別の言葉で言いかえれば「…ニツイテ言エバ」といったような感じである。この部分で文の〈主題〉が提示され、残りの部分でそれについての〈叙述〉がなされるのである。〈叙述〉の部分は、それ自体完全な文をなしていることもある。例えば次のような文では、「昨日ハ」、「象ハ」の部分が〈主題〉で、残りのところが〈叙述〉である。

昨日ハ　雨ガ降ッタ

象ハ　鼻ガ長イ

この例でもそうであるように、〈主題〉と〈叙述〉という区別は「主語」と「述語」という区別とは一致するとは限らない。〈主題〉と〈叙述〉は話し手がある内容をどのように提示するかに関係することで、すでに見た通り、〈主題〉となるのは深層的には〈動作主〉に相当する場合も、〈受益者〉や〈被動体〉に相当する場合もあるし、また表層的には「主語」であっても「目的語」であってもよいのである。

〈主題〉と〈叙述〉という関係を「主語」と「述語」という関係と較べてみると、一つ明瞭な相違点がある。「主語」の場合は、その部分は後続の「述語」の部分に対して文の構成の上で何らかの重要な支配を及していているのがふつうである。例えば、述語動詞に対して数などの上での一致を要求するということはその典型的な場合である。一方、〈主題〉の場合は後続の〈叙述〉の部分に対するこのような支配力はない。後続の部分に対する文法関係も「主語」であったり、「目的語」であったり、あるいは単に文全体にかかる「修飾語」のような場合のこともあって一定しない。もちろん、これは「主語」が本来文法的な概念であるのに対し、〈主題〉はそうでないということからの当然の帰結である。〈主題〉はすでにある文法構造にまとめられた文について、その特にどの部分を発話の出発点にするかという形でさらに強調、対比といったような副次的な意味合いを添える役割を持っている。

言語によっては、「主語」―「述語」構造が優勢なものもあるし、逆に〈主題〉―〈叙述〉という文構成の方が有力なものもある。例えば、英語は前者の例である。英語では「主語」、「目的語」など文中での位置が高度に規定されているために、〈主題〉―〈叙述〉による構成の作用する余地が比較的少ない。それに対して、日本語は〈主題〉―〈叙述〉による構成の方が顕著に働く。しかし、「主語」―「述語」構造が確立していればいるほど〈主題〉―〈叙述〉という構成の原理が働きにくくなるとは限らない。例えば、ドイツ語やラテン語などでは「主語」と「述語動詞」の間の文法的な「一致」は英語よりずっと顕著であるけれども、どの部分を〈主題〉として文頭に持ってくるかという点に関しては、制限は英語よりはるかに緩やかである。

5 〈既知〉と〈新出〉

第五の分析の仕方は、〈既知〉（given）の情報を担う部分と〈新出〉（new）の情報を担う部分という観点から文を分析するやり方である。例えば、「ネズミガ猫ヲカンダ」という文は、「何ガ起コッタノ」という問いに対する答えとしては全体が〈新出〉、つまり、新しい情報を提示している部分である。しかし、「何ガ猫ヲカンダノ」という問いに対する答えとしてならば、「ネズミ」が〈新出〉、残りが〈既知〉の部分、「ネズミガドウシタノ」に対する答えとしてなら「ネズミガ」が〈既知〉で「猫ヲカンダ」の部分が〈新出〉、さらに「ネズミガ猫ヲドウシタノ」に対する答えであれば、「ネズミガ猫ヲ」が〈既知〉、「カンダ」というところが〈新出〉の部分である。いずれの場合も、問いの文の疑問詞に相当するところを埋める表現が新しい情報を担う部分というわけである。

〈新出〉あるいは〈新しい情報〉と言っても、それはその時点において聞き手にとって始めて接する情報ということである。この意味では、前節で扱った〈主題〉と〈叙述〉が話し手からの観点のものであったのに対し、〈既知〉、〈新出〉というのは聞き手の観点からのものと言うことができる。聞き手にとって未知でなくなるということは、話し手と聞き手の間で共通の地盤が出来たということで、この地盤の上に立って話し手は聞き手にとって未知の情報をさらに提供という形で話を進めて行くわけである。例えば、次の会話を見てみよう。

「何ガアッタノ?」
「ネズミガ猫ヲカンダノ。」
「ソシテ猫ハ死ンダノ?」
「ウウン、猫ハ死ナナカッタワ。デモ気絶シタノ。」

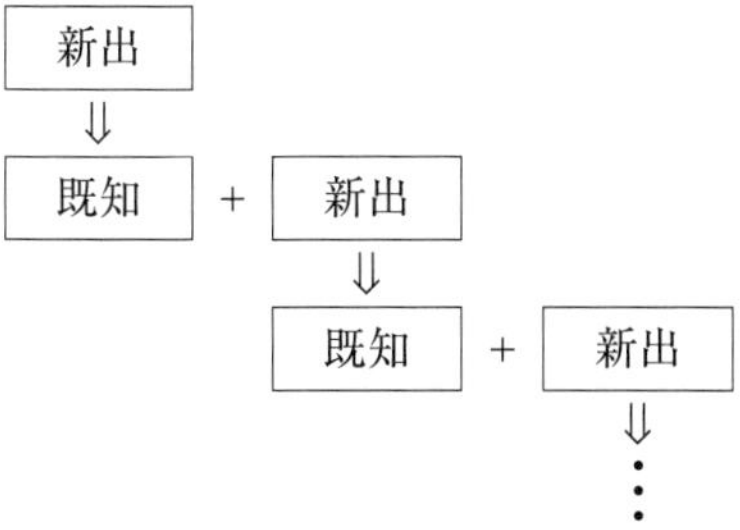

　冒頭の質問に対して出された答えの部分は、この段階では全部が新しい情報である。これで二人の間に共通の情報の基盤ができる。次の質問はこの共通の情報のうちの〈猫〉に関してさらに新しい情報を求めたものであり、この欲求は次の発言の「気絶シタノ」という部分に含まれる新しい情報によって満たされる。

　このような過程が起こるのは、別に対話の場合に限らない。一人が一方的に物語る場合でも同じである。

　ネズミガ猫ヲカンダ。猫ハ死ナナカッタケレドモ、気絶シタ。

最初の文が新しい情報を導入し、次の文はその中の〈猫〉を足がかりとして〈気絶した〉という新しい情報をつけ加えている。一般にテキストは、このように〈既知〉の部分に〈新出〉の部分をつけ足すという形で情報の連続性を保ちながら進んで行く。

情報の連続性を保つもっとも単純な方法は、同じ表現を繰返すということである。例えば先程の対話やテキストでは、「猫」という語の反覆がその役割を果している。しかし、これ以外の方法でも同じ効果が得られることもある。どの言語にも含まれている代名詞や接続詞と呼ばれる語は、そのような情報の連続性を保つという重要な役割を果す語である。また反覆される語は、同一のものが指されている限りは、同じ表現でなくてもよいわけである。(同じ指示物に対して異なった表現を適用しうるということは、すでに序章で触れたことがある。)例えば、かまれた猫が本人の大切にしている飼猫なら、次のような受け答えでもよいわけである。

「ネズミガ猫ヲカンダノ。」

「ソシテソノ大事ナペットハ死ンダノ?」

さらに、情報の連続性は常に先行する表現に含まれる情報が繰返されるという形で保証されているとは限らない。次のような対話も十分ありうる。

「ネズミガ猫ヲカンダノ。」

「ワアー、明日ノ新聞ガ楽シミ。」

表現されている部分だけの意味から言えば、二つの発話を共通に結びつけるものはない。しかし、われわれは言葉を使いながら、同時にその言葉の文字通りの意味からいろいろなことを推論している。例えば、この場合ならば〈ねずみが猫をかむのは珍しいことだ〉＋〈新聞は珍しいことは記事にする〉⇓〈明日の新聞にその記事が出る〉というような推論の過程があって、それで二つの発話の間に橋渡しができるわけである。そのような推論の過程をもってしても二つの発話が結びつかなければ、対話やテキストは成立しない。例えば、次のような場合である。

「ネズミガ猫ヲカンダノ。」

「ソシテ、花ガ咲イタノ？」

ただし、詩的なテキストではこの種の予測し難い表現の出現は珍しくない。この点については、次章で触れることがあろう。

第七章
センスとナンセンス

1　意味をなす表現となさない表現

一九六〇年代半ばのものだが、コンピューターの作った詩というのがある。もとは英語なのであるが、ここではそれを日本語に訳して次に示してみることにする。題して「IBM 7094-7040 DSC の冥想」と言う。

詩人ヨ、
腐レル皮膚ノ如ク顔ヲ赤ラメヨ、
埃カブレル塔ノ如ク輝ケ、
幸福ナミミズノ如ク泣キワメケ、

巨大ナ流レノ如ク夢見ヨ、
赤イ機関車ノ如ク震エヨ、
湿レル門ノ如ク倒レヨ。
汝ノ香リノ価値ヲ
引張ラシメヨ、
汝ノ床ノナス業ヲ
静カニナラシメヨ、
汝ノ腕ノ同語反覆ヲ
赤クナラシメヨ、
汝ノ帽子ノ仕方ヲ
溶解セシメヨ。
タトエアラユル窓ガワメコウト、
タトエアラユル衣裳ガ刈リトロウト、
甘ク、湯気モウモウト、
刈レ、詩人ヨ。

危険ニ、強烈ニ、ソノ音楽ハ

罪ヲ犯シ、明ルク輝ク、
ソシテ我ガ身ハ織ラレル。
………

詩人コンピューターの冥想はまだまだ続くのであるが、これはそのごく最初の部分だけである。ところで、コンピューターの作った詩と言ったが、もちろんコンピューターが勝手にこのような詩を作り出すわけではない。実際には、使う文型を前もって規定しておき、その文型にどういう具体的な語を選んで当てはめるかをコンピューターに自由に決めさせるというやり方をするのである。例えば、'Verb (imperative)〈動詞(命令形)〉' + like + a + 'Adjective〈形容詞〉' + 'Noun〈名詞〉' というような文型で文を作るようにコンピューターに指示しておく。そしてコンピューターは、これも前もって与えられている「動詞(命令形)」の語彙リストの中から、ある場合には shine〈輝け〉、ある場合には wail〈泣きわめけ〉というふうにある語を選ぶ。同じようにして、「形容詞」のリストからは dusty〈埃ぽい〉、happy〈幸福な〉などを、「名詞」のリストからは tower〈塔〉、earthworm〈みみず〉などを選んで文型に入れるのである。それぞれのリストからの選択はたがいに無関係にその時の偶然のままに行なわれるので、出て来た表現は意味のよく通るところも、通らないところもある。例えば「巨大ナ流レ」というのはそれだけとれば普通の表現であるが、それが「夢見ル」となるといささか普通でない。「不幸ナミナシ子ノ如ク泣キワメケ」と言うならば普通の表現であるが、「幸福ナミミズノ如ク泣キワメケ」というのは通常でない。「酔払イガワメク」とか「農夫ガ刈リトル」なら正常な表現であるが、「窓ガワメク」とか「衣裳ガ刈リトル」は異常である。

しかし、一見異常と思われる表現にも、大変もっともらしい解釈を与えることができることもある。「幸福ナミミズノ如ク泣キワメケ」という表現は、みみずという動物は時として音をたてて鳴くということがあるのを知っている人にとっては、それほど異常とも思えないかも知れない。そのような人には、みみずは幸福な時にも鳴くということを自分に納得させることができれば十分である。「窓ガワメク」も風か何かで窓が音をたてている様子の比喩的な表現と取れば意味が通じるし、「衣裳ガ刈リトル」では「衣裳」は〈着物そのもの〉ではなく、ある種の服装をしている人たちと換喩的に（つまり、近接に基づく連想として）とれば、十分解釈が可能である。もしこのように、一見ナンセンス的な表現にも十分もっともらしい意味を読み込むことができるということがあるとすると、一体センスとナンセンスの間には境界線があるのであろうか。

この問題のもう一つの側面として、さらに次のようなこともある。例えば、ある著名な詩人の作品の中に「脳髄ハ塔カラチキンカツレツニ向ッテ永遠ニ戦慄スル」という表現がある。この表現は先程のコンピューターの作ったという詩に見られる表現の感じと大変よく似ているように思われる。しかし、一方は著名な詩人の手になる「詩的」な表現として受入れられるのに対し、もう一方はコンピューターによる「詩まがい」のものとしてしか受取られない。真に「詩」的な表現と「詩まがい」のものとの間には一体区別がありうるのであろうか。

2 語法上での基準と「ずれ」

「猫ガネズミヲカム」と「猫ガカムネズミヲ」、「酔払イガワメク」と「窓ガワメク」をそれぞれ比較してみると、いずれも最初の表現はふつうであるのに対し、二番目の表現の方は何かおかしいという感じがする。われわれがそのように感じるのは、言葉の使い方に関してある基準があり、最初の表現の方はその基準に合っているが、二番目の表現の方はそれに合致していないとわれわれが判断するからである。つまり、それぞれの二番目の表現には基準からの「ずれ」(deviation)が含まれているのである。

しかし、同じように「ずれ」のある表現であると言っても、挙げた二組の例では「ずれ」の性質は同じではない。前者の組の場合には破られているのは「主語＋目的語＋動詞」という日本語の語順に関する基準であるし、一方、後者の組では「ワメク」という動詞は〈人間〉に関して適用されるという基準が従われていないわけである。前者は文法に関する基準である。後者はすでに「語結合」という名称で触れたことのある問題であるが、「文法」という術語と対比させて言うならば「語法」に関する問題と言ってもよいであろう。

言語の使用に関しては、「文法」の面でも「語法」の面でも基準があるのであるが、二つの面における基準にはその性質の上でいくらか違いがある。まず第一に、「文法」に関する基準は比較的一般的であるが、「語法」に関する基準は適用範囲が狭く、どちらかと言うと特殊なものになりがちである。例えば「主語＋目的語＋動詞」という語順はきわめて多くの名詞、動詞について適用されうる基準であるが、「ワメク」は〈人間〉を表わす名詞と結びつくという基準は「ワメク」という特定の一個の動詞についてのものである。第二に、文法に関する基準は比較的明確であって、ある表現を与えられた場合、それがその基準に合っているか、ずれているかは大体において確実に判断できる。しかし、語法に関する基準は必ずしもそうとは限らない。例えば「ワメク」は〈人間〉を表わす名詞と結びつくと言った。確かに「酔払イガワメク」は普通の表現であるが、「石ガワメク」は普通ではない。しかし、「猿ガワメク」というのはどうであろうか。いくらか正常ではないが、「石ガワメク」ほどはっきりと異常と言えるほどのものではない。一方、〈人間〉を表わす名詞と結びついている場合でも、「赤ン坊ガワメク」というのは「猿ガワメク」以上に異常に感じられる。つまり、語法に関する基準は文法に関するものとは違って緩やかなものであり、普通である場合と普通でない場合との間には明確な境界線があるのではなくて、言わば連続的に移行しているというふうに考えなくてはならない。

このような違いの出てくる一つの重要な理由は、文法上の基準は先程の語順に関するものもそうであるように、形式的、形態的なものであることが多いのに対し、語法上の基準は直接意味に関係してくるという点である。基準が形式的、形態的なものであれば、それに合致しているかどうかの判断は比較的明確に行ないうるはずである。しかし、意味に関する事柄になると、そのように客観的な判断は困難になる。文法というものがどちらかと言うと保守的で変りにくいのに対し、意味の世界は新しい知見と感覚によって常に創造の過程にある世界である。そこでは、言語の使用者が言語の意味を越えて新しい情報を読みとるということが絶えず起こりうるのである。

具体的な一連の表現について、この点をもう一度考えてみよう。例えば、「歌ウ」という語に関して次のような表現があったとしよう。

(1) 少女ガ歌ウ
(2) 小鳥ガ歌ウ
(3) ソヨ風ガ歌ウ
(4) 小川ガ歌ウ
(5) 森ガ歌ウ
(6) 大地ガ歌ウ
(7) 煙ガ歌ウ
(8) 光ガ歌ウ
(9) 電気ガ歌ウ

⑽　水素ガ歌ウ

⑴の「少女」についての場合は、もちろんふつうの表現である。⑵の「小鳥」になると、いくらか基準からのずれの感じが入ってくる。どの程度ずれを感じるかは、〈人間〉について用いられるということがどの程度基準として確立しているかということにかかっており、その点をどう感じとっているかによって個人的な差が出て来る。⑶、⑷、⑸の「ソヨ風」や「小川」や「森」のあたりになると、基準からずれた表現という感じが明確になる。しかし、これらは音を出しうるものとして比較的自然に受取られうるから、いわゆる「比喩」的な解釈を与えるのはそう難しいことではない。⑹の「大地」あたりになると、「ソヨ風」や「小川」や「森」の場合のように音を出すという解釈はすぐには自明でなくなる。しかし、例えば大地にも風や小川や森のように人の歌声に較べられるようなものが含まれているというふうに考えるならば、一応の解釈はつく。⑺の「煙」や⑻の「光」になると、音を出すということは普通結びつけて考えられないから、解釈はかなり困難になり、ナンセンスな表現という感じが増す。しかし、この場合でも、例えば⑺なら煙の動き、⑻なら水に反射する光のきらめきといったような視覚的現象が実は聴覚的に捉えられているのだというふうに考えれば、一応の解釈はつく。これはすでに触れたことのある「共感覚」的な捉え方である。もちろん、この共感覚的な解釈はすでに取りあげた「大地」や「森」や「小川」あたりにも遡って適用が可能である。⑼の「電気」や⑽の「水素」になると直接の視覚性ということもなくなるから、基準からのずれは非常に大きいと感じられよう。視覚に基づく

共感覚的な解釈はここではもはや可能でなくなるから、また聴覚的な解釈の試みが始まるであろう。例えば、⑽のような表現から筆者が連想するのは、ビーカーか何か薄いガラスの容器に入れられた水素に放電が行なわれて、容器が微妙な音で共鳴するということである。もちろん、この場合、実験的にそのようなことが可能かどうかは関係ないことである。

⑴から⑽にかけての一連の例について言えることは、「歌ウ」主体がわれわれの感覚に明確に訴えるという意味での具体性を次第に失ない、抽象的になって来ているということである。それに伴ない、基準である〈人間〉という概念からのずれはますます大きくなる。そしてずれが大きくなるに従って、解釈の困難性が増して来ているように（言いかえれば、よりナンセンス度が増して来ているように）思われる。しかし、主体の抽象度をもっと高めるとどうであろうか。例えば、「歓ビガ歌ウ」というような表現の場合である。この段階ではこれまでの傾向の延長として、解釈の困難さが極限に達することが予想されるのであるが、面白いことに実はここまで極端になると、逆にある意味では解釈を与えやすくなるということが起こる。つまり、〈歌う〉ということとつじつまを合わせなくてはならない条件の数が極端に減るわけである。そのため、歓びの状態にある人間や歓びを象徴する女神なり、要するに歓びということと近接の関係にある何かを自由に想像することによって解釈を与えることができるのである。

以上の検討からも分かる通り、語法上の基準からのずれには漸次的に移行するさまざまな段階があり、しかもこのずれだけによって表現の解釈の困難さの度合が決まるわけでもないのである。

3　コンテクストの役割

日常的な場面でわれわれが言語表現の意味が分かると言う時には、その表現を構成している言語単位の意味がその表現が用いられているコンテクストを構成する要素と何らかの形で結びつけられるということが起こっている。ごく単純な例では、誰かに「窓ヲ開ケテ下サイ」と言われた時、近くに閉じたままの窓があればこの表現の意味は諒解される。近くに窓がなかったり、あってもすでにすっかり開けられているというような場合は、そうではない。表現を構成する言語単位の意味がコンテクストの要素と結びつかないからである。言葉を使う人間は、そのようにして言葉の意味を諒解するという能力を身につけている。

しかし、この能力はまた次のような形ででも働く。つまり、一見意味の諒解できないような言語表現があった場合、その言語表現を結びつけうるようなコンテクストを想像することによって解釈を与えるというやり方である。そのようにして生み出されたコンテクストはきわめて特殊な、日常生活ではあまり考えられそうもないものかも知れない。しかし、そのコンテクストでは言語表現の意味がコンテクストを構成する要素と結びつくのであるから、その言語表現は少なくともそのコンテクストでは正常なものとして機能しうるわけである。言語表現が意味的に正常であるかどうかはコンテクストとの関連においてのみ決まるとすれば、ある特定の言語表現をコンテクスト抜きで取りあげて「センス」と「ナンセンス」のいずれに属するかというような議論はできないわけである。

4 「詩的」であるということ

ある表現が「詩的」であるかどうかという問題も、ある表現がセンスとナンセンスのいずれに属するかということと非常に平行した面がある。しかし、その点についての議論に入る前に、検討しておかなくてはならないいくつかの事項がある。

まず第一に、言葉が詩的であるかどうかはその言葉によって指されているもの（つまり「指示物」）の性質によって決まるのではないということである。伝統的な文学観には時として、詩的な表現の価値があたかもその表現の対象として取りあげられている題材によって決まるかのような考え方をしているように思える場合がある。そのような場合には、詩としてふさわしい題材というのがまず決められている。例えば、ある時期の日本文学における〈月〉、〈花〉、〈雪〉のような場合である。しかし、実際にはもちろんこれらの題材について書けば必ず詩ができるわけでもないし、また逆にこれ以外の題材については詩的な表現ができないわけではない。月について書かれた天文学の専門的な書物は詩とは言えないし、一方、花を咲かせた枝の代りに枯枝をもって来ても詩は作れるはずである。問題は何を描くかではなくて、それをいかに描くかということが詩的な表現になるかどうかを決めるわけである。

辞書の中には、ある語やある語がある意味で用いられる場合は「詩語」であるという表示がしてあることがある。例えば「眼」に対して「マナコ」、「少女」に対して「乙女」というのは「詩的」であるし、また「あした」という語を〈朝〉の意味（「アシタ浜辺ヲサマヨエバ」）で使うのも「詩的」である。このような「詩語」は、それによって指されているものが「詩的」であるということではない。例えば「マナコ」という語で指されるものの方が「眼」という語によって指されるものより「詩的」な対象であるなどとは言えない。辞書の「詩語」という表示は、その語がその言語社会では主として「詩」と分類される言語表現の中で用いられ、日常的な言葉使いのレベルでは使われないことを表わしているだけである。つまり、その語の「使用域」を示しているのである。その意味では、これは言語自体の価値の問題である。

しかし、「詩的」な表現はこのような表示を与えられている「詩語」ばかりによって構成されているわけでもないし、また、この種の「詩語」を用いれば必ず「詩的」な表現ができるわけでもない。この種の詩語は伝統的な詩の創作の中でもっぱら使われるという形でその「詩語」としての地位を確立して来たものである。そしてまさにその理由の故に、現代的な詩人によってはむしろその使用が避けられようとすることが多い。また「詩語」という表示の与えられているものに、「詩的」な効果を生み出す何か本質が備わっているのではないことも明らかである。日常的な場面で自分の恋人に「汝ノウマシマナコ」などと語りかければ、意図的にふざけているか、精神の正常さを疑われるかのどちらかである。「詩語」は使われ方しだいで「詩」になることもならないこともあるのである。

以上の検討からも分かる通り、「詩的」であるということは、特定の語なり表現に本質的に備わっていることではない。どのような使い方をされようとも、常にすべての人が「詩的」であると認めるような効果を生み出しうる語なり表現なりは存在しないのである。すると、ここでも問題はその語なり表現なりの使われ方しだいで、「詩的」な効果が生み出されもするし、生み出されないこともあるということに帰着する。

すでに触れた通り、日常的な場面では言葉の使用に関して文法なり語法なりといった形で、ある程度の基準が決まっている。その基準に従って言葉が使われる限り、一応日常的な場面での必要は満たせるというわけである。このことは逆に言うと、日常的な場面での言葉の表現能力の枠を越えて何か新しい効果を得ようとするならば、言語表現の方も日常的な場面での使用に関する基準を越えざるを得ないということである。この意味では、詩的表現における言葉使いは、何らかの形で基準からのずれを示すことになる。

ごく単純な例でこれを検討してみよう。例えば、初夏の頃電車の中でのアナウンスでよく耳にした「緑ノ風」という表現がある。この表現は同じ文型でも例えば「空ノ風」や「冬ノ風」に較べると、表現そのものとしてずっと「詩的」な効果を持っているように感じられる。「空ノ風」や「冬ノ風」では、〈空〉や〈冬〉は〈風〉というものの存在する場所や時期としてごく自然に考えられるものである。これに対し、〈緑〉ということは〈風〉というものとは直接結びつかないはずのものであり、その意味でこれは日常的な表現の基準からずれた表現である。文法的に言えば「緑ノ」の部分は「風」を修飾している。しかし、意味的には「緑ノ」はもちろん「風」とは直接関係せず、むしろそこには表現として明示されていない「草木」のような表現と関係するはずである。つまり、「緑ノ風」とは、おおまかに言えば「緑ノ草木ノ間ヲ吹キ抜ケテ来ル風」というような表現とほぼ同じようなことを言っている。しかし、かりに二つの表現が同じことを言っているとしても、前者の表現に感じられたような詩的効果は後者の表現からは失なわれてしまっている。何によってそれが失なわれたかと言えば、表現の仕方が変ったからである。

詩的な表現は日常的な場面での言葉使いの基準から何らかのずれを示すと言ったが、このことはもう少しいかめしく言い直すと、詩的な表現には日常的な言葉使いでは見られないような（あるいは、見られても偶発的にすぎないような）「構造」がその上に課せられているということである。そのような構造の中に組込まれることによって、言葉は言葉自身に読む人の注意をひきつけ、そこから日常的な場面で見られる以上の効果を引き出させるのである。

先程の例だと、本来「草木」のような語と関係するはずの「緑」という語がそれとは切り離されて、もともと直接関係ないはずの「風」と文法的に関係づけられるという構造が課せられている。この構造（修辞学で「転移修飾句」（transferred epithet）と呼ばれることがある）によって「緑ノ風」という表現は直接明示されていない語句までをその意味範囲の中に引き込んで、短い形式で密度の高い意味を保有するようになっているのである。

「構造」という術語の意味を明らかにするために、今度は一つの独立した作品について簡単な例を見てみよう。芭蕉の俳句に「枯枝ニ鳥ノ止マリタルヤ秋ノ暮」というのがある。この俳句を読んだ人は、すぐ全体を通してある種の共通した雰囲気が流れているのを感じる。この印象は、この作品に内在する構造から由来しているのである。この俳句を構成する表現には三つの重要な部分が含まれている。つまり、「枯枝」と「鳥」と「秋ノ暮」である。ところで、この三つの表現によって表わされているものの間には、ある種の共通性がある。まず、青葉のない枯枝は黒ずんで見える。鳥はもちろん黒い鳥である。そして、夕暮は暗くなる時である。したがって、三つの表現の間には〈黒い〉ないしは〈暗い〉ということで共通のものを有しているわけである。しかし、三つのものの間にはさらに別な面での類似がある。枯枝はもちろん死の状態にある。鳥は伝統的に死を象徴する鳥である。そして、秋の暮はそれを秋の夕暮ととろうと、また晩秋ととろうと、一日または一年の終末を意味する。したがって、三つの表現は〈死〉ないしは

枯枝ニ鳥ノ止マリタルヤ秋ノ暮
〔k〕 〔k〕 〔k〕
〈黒〉–〈黒〉————〈暗〉
〈死〉–〈死〉————〈終〉

〈終〉ということでも共通に関連性があるわけである。その上、少し注意すれば分かる通り、この三つの関連づけられた表現はいずれも「カ行」の音で始まるという形で共通している。この頭韻は意味上の関連性をさらに引き立たせる役割を果している。

日常的な言葉使いの場合では、このように意味的に関連ある語を並置したり、同じ音で始まる語を反覆するというようなことはふつうしない。しかし、この俳句の場合にはそれが表現全体に課された構造となっており、その構造の中に置かれることによって、通常は必ずしもいちいち意識されない意味が前面に押し出されて来ているのである。伝達という実用的な目的が中心になる日常的な言葉使いとは違って、詩の言葉はそれが用いられる具体的なコンテクストを欠いていることが多い。そのために、そこでは読者の方で表現に合うようなコンテクストを想像して解釈を与えるということが最大限に起こりうる。そのようにしても、新しい意味が創造されるのである。

伝統的な詩には特に定められた詩形というのがあって、それに合わせて書かれるのがふつうである。韻律(metre、弱強や高低、長短の規則的な繰返し)や脚韻(rhyme)はその典型的なものである。われわれはこのような詩形のことをしばしば単なる装飾にすぎないかのように考えがちである。確かに能力のない詩人にとっては、このような詩形に合わせて書くことが詩を書くためのもっとも重要なことであるかも知れない。しかし、このような詩形も本来は日常語を越えた効果を生み出すために詩の言葉に特に課せられる構造の一つなのである。

もちろん詩の言葉に課せられる構造と言う場合、このような伝統的なものばかりが問題になるわけではない。むしろそのような既成の構造を越えて新しい型の構造を常に生み出すことが詩的表現に期待されることであり、それを通じて言語はそれが表わす意味の世界を無限に拡げて行くわけである。

しかし、詩的表現の仕組が以上のようにして説明できるとしても、詩的表現がすべてわれわれの期待するような意味での「詩」であるとは限らない。例えば、広告表現には詩的な言葉使いがふんだんに見られる。しかし、いくら詩的な広告の表現であってもそれはせいぜい「スポンサーつきの詩」（S・I・ハヤカワ）にすぎない。「詩」ということをその本質的な意味で解し、その意味での「詩」を「詩でないもの」と意味論的に区別しうるかということになれば、両者の間には明確な境界はないと言うより他はないであろう。いくらすべての人がすぐれた詩と認めるものであっても、その中の一部の表現だけを取り出して他のコンテクストの中に移し変えれば、そこで相変らずすぐれた詩の表現として通用するという保証はない。詩的価値というものもコンテクストとの関係で生み出され、したがって無限の変差を予想するものである。

これは先に「センス」と「ナンセンス」の区別について達した結論と同じものである。「センス」か「ナンセンス」かという場合は、関係するのは比較的「知的」な意味であった。その段階においてすでにそういうことであるから、詩のようにさらに感性や感情というもっと主観的な要因が多く加わってくるということになれば、その点での不確定さがさらに増すのも当然のことである。

第八章
言語と文化・思考

1 文化的な関心の反映としての意味構造

本書の最初の部分で、言語の意味構造は言語によって違いうるということを日本語と英語の例で見たことがあった。そしてこのような違いを、同じ意味の場が言語によって異なる数の語で異なるふうに分割されているという形で示してみた。例えば、〈兄弟〉を表わす場は日本語では「アニ」と「オトウト」によって分割されているが、英語では brother という一語が全体を覆っているし、〈貸借関係〉の場は日本語では基本的に「貸ス」と「借リル」によって構成されているが、英語では lend と borrow と rent という三語が基礎になっている。

このように同じ場が異なるふうに分割されている例を検討して行くと、そのうちのあるものは、

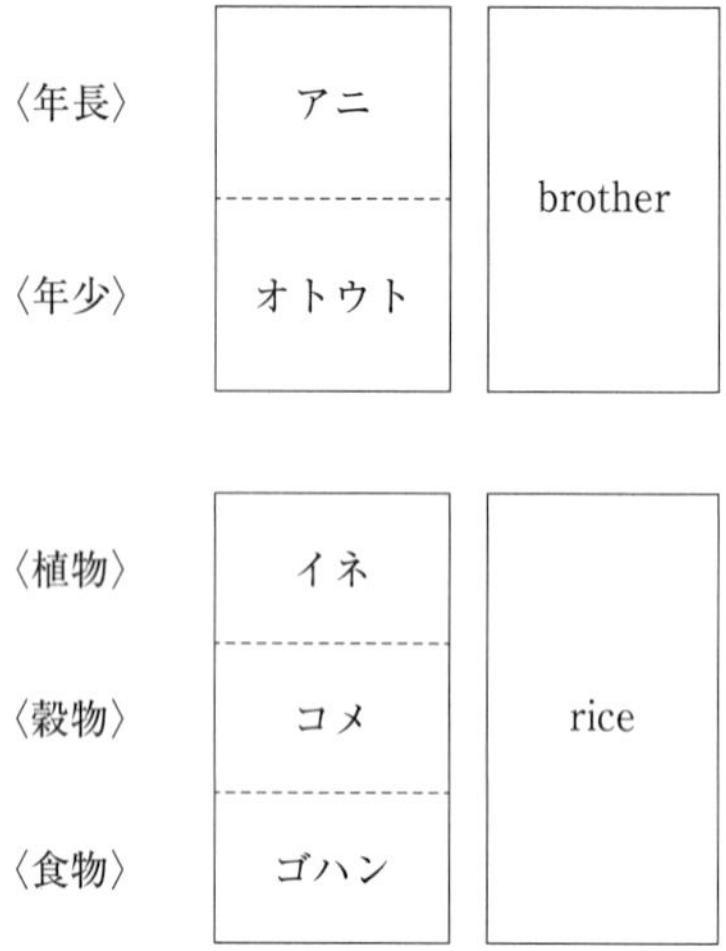

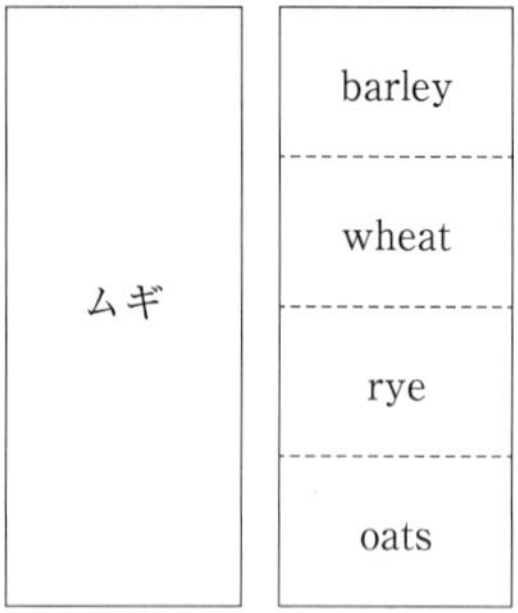

その言語を使っている人たちの文化的な関心を反映しているのではないかと思われるような場合がある。例えば、「アニ」、「オトウト」とbrotherのような場合である。同じ分野が英語では一語ですべて覆われているのに対し、日本語では〈年長〉か〈年少〉かによる使い分けが必要である。伝統的な日本の社会では、同じ兄弟であっても「長男」であるかそうでないかによって扱い方の上で差があったことを考えれば、それが語彙の構造の上に反映されていたとしても不思議ではないわけである。

　同じような場合として、〈米〉を表わす表現がある。日本語には「イネ」、「コメ」、「ゴハン」（あるいは限られた使用域では「メシ」）という三つの語があって、それぞれ〈植物〉、〈穀物〉、〈食物〉の段階を表わしている。（もちろん、この他に「コメ」は三つの場合の総称として使われる場合もある。）一方、英語ではそのような区別はなく、田に植えられている場合でも、穀粒になった段階でも、また食べられるよう調理された状態でも、同じriceという語ですます。これと対照的なのが〈麦〉を表わす語である。日本語では「ムギ」という語があって、いろいろな種類の麦を総称的に指すことができる。一方英語では〈麦〉の意味分野は細かく分かれていて、種類によってbarley〈大麦〉、wheat〈小麦〉、rye〈ライ麦〉、oats〈からす麦〉などという語があるが、これらすべてを総称として指すような語はない。もちろん、日本語にも「大麦」、「小麦」、「ライ麦」、「からす麦」と個々の種類の麦を表わす語はあるが、これらは形態的には「ムギ」という語をもととして作られた複合語的なものであるし、ここで特に問題にしたいのは日本語では「ムギ」という総称表現があるのに対し、英語ではそれを欠いているということである。〈米〉と〈麦〉に関して、日本語と英語でこのように語彙の構造が違うのは〈米〉と〈麦〉がそれぞれの言語社会の食生活において占めて来た地位を反映していると考えることができるであろう。

もう一つ、親族用語について見てみよう。自分より一世代上のごく身近かな親族〈つまり、〈父母〉や〈おじ〉、〈おば〉〉に関する分野は、語彙の構造の上で日本語と英語の間で目立った差はない。日本語の「チチ」、「ハハ」、「オジ」、「オバ」という語はどの親族型を指すかという点でそれぞれ英語のfather, mother, uncle, auntと対応している。ただ、伝統的な書き言葉では同じように「オジ」、「オバ」であっても、〈父母より年上のおじ〉と〈父母より年下のおじ〉、〈父母より年上のおば〉と〈父母より年下のおば〉とが区別されて、「伯父」と「叔父」、「伯母」と「叔母」というように書き分けられることがある。この点における日本語の区別の細かさは、す

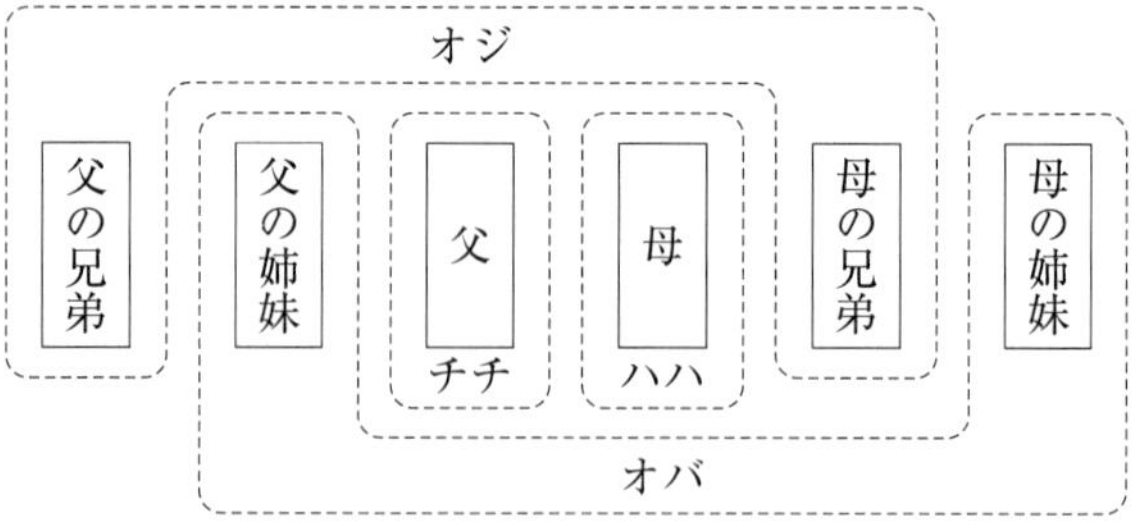

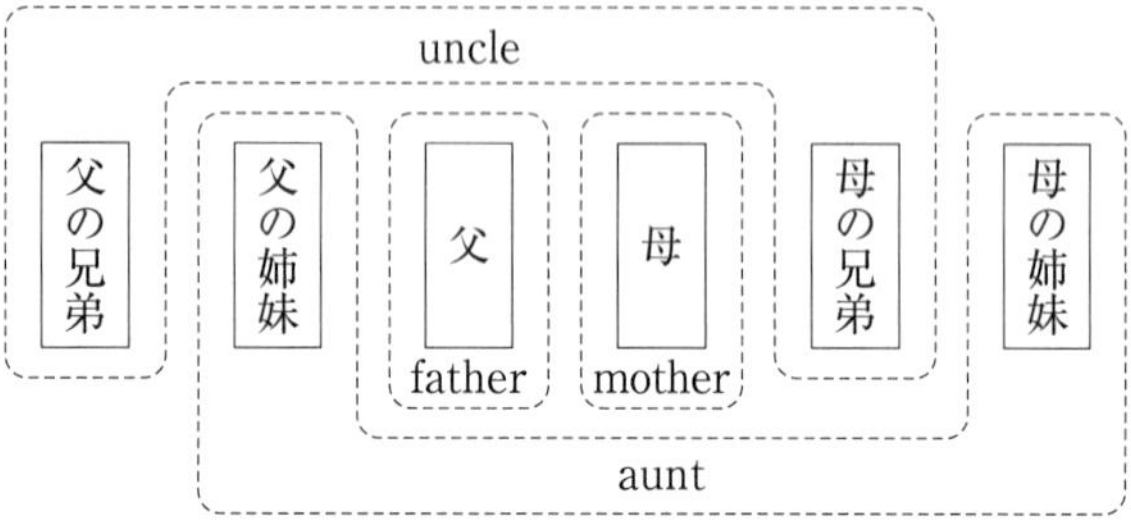

でに見た「アニ」と「オトウト」（それからもちろん「アネ」と「イモウト」）という語彙的な区別の背後にあるのと同じ文化的要因が働いているからと考えてよいであろう。

　しかし、言語によってはわれわれの馴れ親しんでいるような体系とは随分違う区別をするものもある。例えばポリネシアの地域では次頁の図に示したような体系が一般的である。図で「チチ」、「ハハ」、「オジ」、「オバ」と示したのは、そのような言語でこれらの語に近似的に対応する語ということである。すぐ分かるように、このような言語では〈父〉と〈父方のおじ〉、〈母〉と〈母方のおば〉はそれぞれわれわれの言葉での「チチ」、「ハハ」なみに扱われ、一方、同じように〈おじ〉や〈おば〉であっても、〈父方のおば〉と〈母方のおじ〉は別扱いで〈父〉や〈母〉なみには扱われない。われわれ

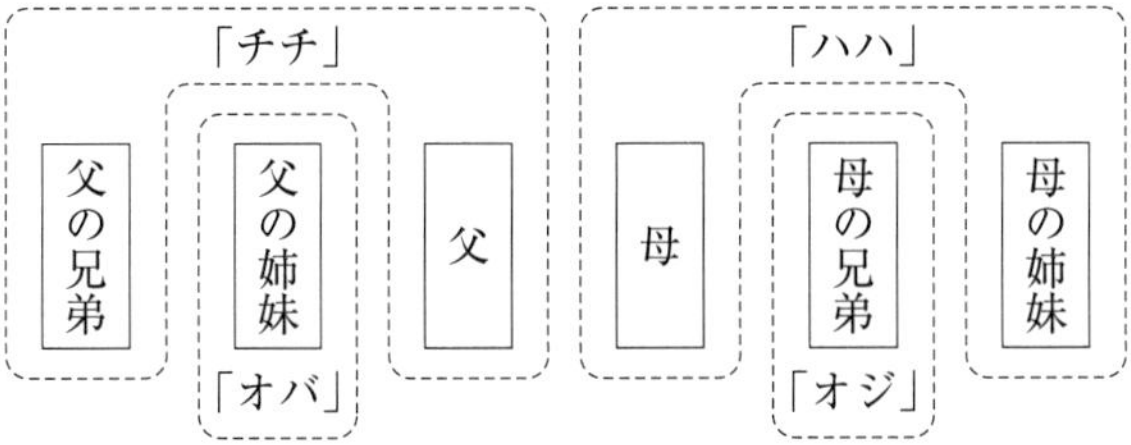

の観点から言えば、〈父〉や〈母〉は自分の直接の生みの親であり、一方〈父母の兄弟〉や〈父母の姉妹〉はそうではないから、両者の区別は当然だし、また絶対必要なものと思われるであろうが、図で示したような言語ではそのような区別が部分的に無視されているわけである。しかし、われわれの観点から見ていかに奇妙であろうとも、このような体系になっているのはそれなりの事情があるのであって、例えばこのような社会ではかりに父親が早く死んだ場合、父親の兄弟が残された母親と結婚するという習慣があるのである。したがって子供の立場から言うと、父親の兄弟（つまり、父方のおじ）は常に潜在的には自分の「父」であるわけである。このような事情が〈父〉と〈父の兄弟〉が同一の名称（つまり、「チチ」に相当する名称）で区別なく指されるということを生み出しているのである。

一般に、ある言語社会でそこに属する人たちが関心を持つ対象と関心を持たない対象があった場合、前者に対しては多くの名称ができて細かい区別がなされるが、後者はおおまかな名称ですまされるという傾向がある。これは考えてみればごく自然なことである。例えば、ある種の麦はパンを作るのにもっとも適しているが、別のある種の麦は家畜の飼料として特によいとかいうようなことがあれば、当然、そのような種類の麦を他のものと区別して指す名称が欲しくなるであろう。一方、そのような形で麦が生活に密接に関係して来ないような社会であれば、特にどの種類を区別するという必要もないわけであるから、おおまかな意味の表現で一応の事はすむ。

この種の例でもっとも有名なのは、エスキモー語で〈雪〉を表わす語である。日本語の「ユキ」や英語のsnowに対して、エスキモー語には〈降りつつある雪〉、〈積った雪〉、〈溶けかかった雪〉など特殊な状態の雪を表わす語がいくつもあるというのである。日本語にも例えば「降雪」、「積雪」、「吹雪」、「粉雪」など特殊な状態の雪を表わす語があるけれども、これらの語はすぐ分かる通り、「雪」という共通の部分を含んだ複合語である。エスキモー語でいくつかの〈雪〉を表わす語があるという場合は、語源的に関係のない別の語が存在するということである。(例えば、英語の場合のsnowとblizzard〈吹雪〉を較べてみればよいであろう。両者はもちろん語源的に関係ない。) エスキモーの言語で〈雪〉を表わす語彙が豊富であるということは、彼らの生活が雪と密接な関係を持っていることの反映である。例えば狩猟に出かける時、そりで移動する時、雪を固めて住居とする時など、それぞれの場合に都合のよい雪、悪い雪があるわけで、当然それぞれについて対処の仕方が変ってくる。生活上異なる対処の仕方が要求されるならば、それらのものには異なる名称がつけられて然るべきであろう。

このように考えてくれば、同一の自然界の対象に対しても言語によって細かく区別した名称が与えられたり、おおまかな名称ですましたりするというような違いがあっても何もおかしくないわけである。しかし、この種の問題に関しては二十世紀の始め頃まで一つの偏見的な見方があった。いわゆる「文明社会」に属さない言語が調査されると、例えば〈白い牛〉、〈黒い牛〉、〈茶色の牛〉など特殊な型の牛を表わす語はいくつもあるが、包括的に〈牛〉一般を表わすような語がないというようなことが観察される。伝統的な考え方では、このような現象は、いわゆる未開人たちは文明社会の人たちの持っているような抽象能力を欠いており、個々の違う場合は目に止めるが、そこからそれらに共通した何かを引き出すことができないからであると解釈された。しかし、実はふつう「文明社会」と考えられているような社会の言語の中にも、同じような現象は見られる。例えば英語には bull〈牡牛〉、ox〈去勢した牡牛〉、cow〈牝牛〉、calf〈子牛〉など特定の種類の牛を表わす語はあるけれども、一般にどの種類ということなく〈牛〉を指す語はない。同じ解釈を適用すれば、英語国民は抽象能力を欠いているということになる。まったく同様な議論は、英語で〈麦〉を表わす表現についてもできる。

本書の最初の章でも述べた通り、人間は自分たちが日常使う言葉にあまりにも慣れ親しんでいるがために、自分の言語と一見非常に違う意味構造を持つ言語に接すると大変奇妙に感じるのがふつうである。例えば、南米のある種族では植物を〈牛の食べるもの〉、〈わらとして残るもの〉、〈木質のもの〉、〈その他〉と分類しているというような話を聞けば、何と粗雑で非科学的な分け方であろうと感じる。しかし、われわれ自身の言語の中でも、「未開民族」と呼ばれている人たちならもっと細かく分類するはずのところの植物が、例えば「雑草」(あるいは英語の weed)

といった名称のもとにきわめて粗雑な形でまとめられてしまっている。もちろん「雑草」の中には科学的には全く異なるものとして分類されるはずの種類の草がいくつも入っており、その意味で、非科学的な分類でもある。多くの「文明社会」の言語には「野良犬」とか「駄馬」などに相当する語がたいてい存在しているはずである（例えば、英語の cur とか hack や jade もそうである）が、これらも大変非科学的な分類である。動物学の分類に「野良犬科」とか「駄馬科」などというのはもちろん存在しない。これらは人間そのものが自分たちの生活にいかに役立つかという観点からの分類であり、このような分類は言語社会が変れば当然変りうるものなのである。

今の例からも分かる通り、学問的な諸分野でそれぞれの方法に基づいて行なわれる対象の分類に対し、それぞれの言語社会の関心がその言語の意味構造に反映された形での分類があるわけである。前者の「科学的分類」（scientific classification）に対し、後者は「民俗的分類」（folk classification）と呼ばれることがある。両者の分類は一致するとは限らない。よく知られた例では、〈鯨〉が科学的には〈動物（哺乳類）〉とされるのに、通俗的には〈魚〉と思われているというような場合である。言語的には、このことは例えば漢字の「鯨」の魚へんや、ドイツ語の Walfisch（wal は英語の whale、fisch は fish に相当する）という語形にも反映されている。一般には科学的分類の方が民俗的分類より細かく範疇を分けているのは当然予想されることであるが、部分的には民俗的な分類の方が細かいこともある。例えば「ブリ」と呼ばれる魚が漁師仲間ではその稚魚から成魚になるまでの段階に応じて「セジロ」、「ツバス」、「ワカナ」、「カライオ」、「イナダ」、「ワラサ」、「ブリ」とその名前を変えるような場合である。

2　思考様式を規定するものとしての意味構造

ここでもう一度最初に取りあげた「アニ」／「オトウト」とbrotherという対応に戻って考えてみよう。日本語の二つの語では〈年長〉であるか〈年少〉であるかが〈示差的特徴〉(distinctive feature)となっている。つまり、日本語の話し手は兄弟関係を問題にする場合、年長の上の兄弟なのか年少の方なのかということに注目することなしには、この二つの語を正しく使うことができないわけである。同じことは、すべての他の語の場合についても言える。日本語で〈米〉について語る時は、それが〈植物〉、〈穀物〉、〈食物〉のいずれの段階のものであるかに留意して語を使いわけなくてはならない。一方、英語にはこのような区別はないから、英語の話し手が日本語を学び始めてまだ初期の頃にお米屋さんへ行って「ゴハン下サイ」と言うような間違いを犯すことがあるのである。

このように語の意味は話し手に対して、ある特徴に特に注目するよう仕向けるというような働きを持っている。もしわれわれがエスキモー語を身につけようとしたら、今までよりもっと注意

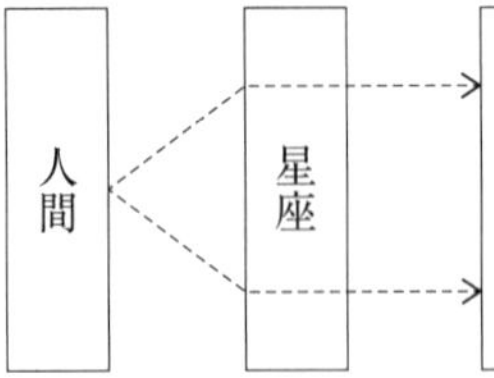

中間的世界としての星座

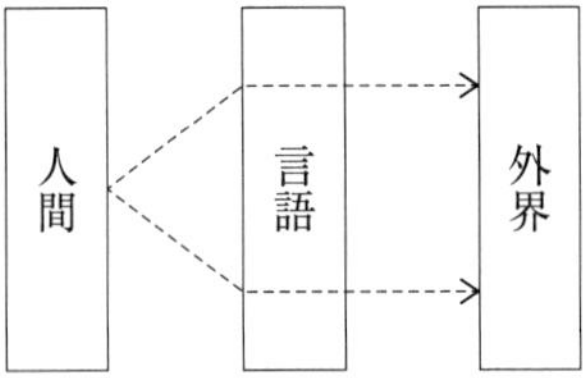

言語的中間世界

してさまざまな状態の雪を区別し、どのような状態であればどの語を使うか（つまり、示差的な特徴が何であるか）ということを学んでいかなくてはならない。言語が違えば意味構造も違う。そうすると、異なる言語の話し手は同じ対象に面していても、違った特徴に注目し、それを違ったふうに捉えているという可能性が出てくるわけである。

このような関係は「言語的中間世界」（sprachliche Zwischenwelt）という形で図式化されることがある。つまり、〈人間〉が〈外界〉と対する場合、〈人間〉は〈外界〉と直接対するのではなく、〈言語〉という枠を通してそれと接すると考えるのである。この際、〈言語〉は〈人間〉と〈外界〉の中間に介在するものとして〈中間世界〉であり、〈人間〉はその〈言語〉の意味構造を通して〈外界〉を眺めるわけである。したがって、言語が異なるということは「ものの見方」が異なるということにも連なるのである。

この関係は、〈人間〉と〈星座〉と〈星〉という三つのものの関係にたとえられることがある。つまり、われわれは星空を見るとき、教えられて知っている星座に従って空の星が場合によっては人の形、場合によってはさまざまな動物や鳥の形に配列されているかのように見てとる。

しかし、現実に存在している星はそのような形に配列されているわけではない。すぐ隣合って見える星も地球からどれぐらい離れた宇宙の深みに位置しているかという点になると、全く異なっているかも知れない。それらがある形の一部として見えるということは、われわれが〈星座〉という枠を通してそれらを眺めているからである。〈星座〉は〈人間〉と〈星〉の間に介在する「中間世界」なのである。しかも、これはもともと自然界に存在していた「中間世界」でなく、〈言語〉と同じように人間の精神が産み出した「中間世界」なのである。

言語が「中間世界」として外界を見る際の枠のような役割を果していると述べたが、このことは失語症の患者にどういうことが起こるかを見てみるとよく分かる。失語症というのは大脳の言語中枢に何らかの損傷を受けたために生じる言語障害で、いくつかの型があるが、ここで問題になるのはものを表わすべき語を忘れ去ってしまったという場合のものである。このような患者にさまざまの色合いのカードを見せて、それらを似た色ごとに分類するという作業をさせたとする。問題を簡単にするために、〈濃い赤〉、〈薄い赤〉、〈濃い青〉、〈薄い青〉という色合いの四枚のカードだけがあったとしよう。ふつうの人がこのような場合に分類を求められれば、おそらく〈濃い赤〉と〈薄い赤〉、〈濃い青〉と〈薄い青〉をそれぞれまとめ、二つのグループに分けるであろう。もちろんこの人は四枚のカードは厳密にはすべて色合いが異なっていることは知っているのであるが、それでも前二者は「アカ」という語で共通に指せるし、一方、後二者はどちらも「アオ」という語で指せると思うからそれぞれを同じグループとしてまとめるのである。つまり、

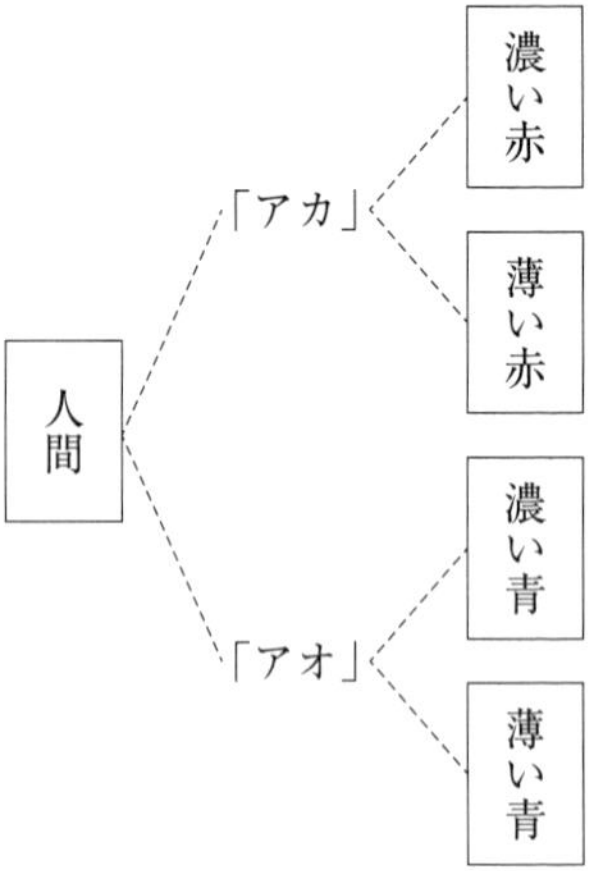

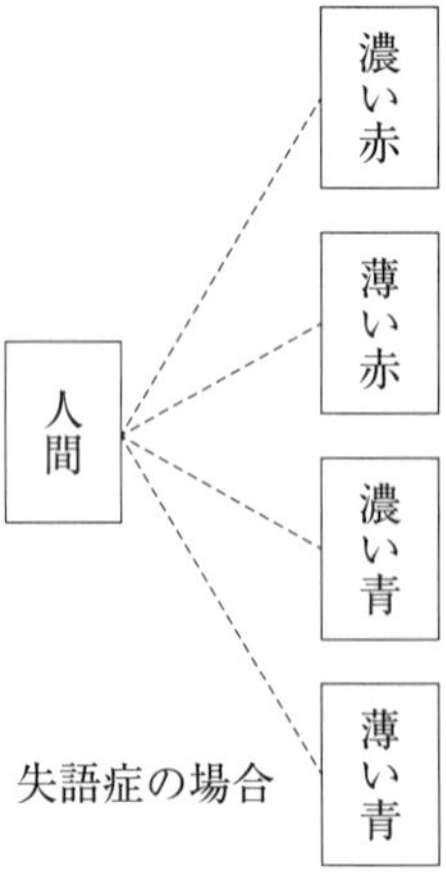

失語症の場合

「アカ」、「アオ」という語が外界を見る枠として働いているわけである。一方、同じ作業を失語症の患者に要求すると、分類は不可能、なぜなら四枚のカードはすべて色合いが違うという反応を示す。つまり、失語症によって分類の枠となるはずの言語が失なわれてしまったのである。したがって、見えるのは現にたがいに違う色合いだけであり、事実分類は不可能になってしまう。このような失語症の場合の例は、言語が人間にとって外界を見る枠としていかに重要な役割を果しているかということをきわめて明瞭な形で示してくれる。

3　行き過ぎた議論の危険性

日常的な生活では、われわれはふつう言語は思想の表現、伝達の手段であると思っている。つまり、思考の主体はあくまでわれわれ人間にあり、言語の役割は人間の考えたことを文字通りおもてに表わすことにすぎないと思い込んでいる。しかし、すでに見た通り、われわれのものの見方が実は言語によって左右されているというような面もあるわけである。しかし、それをわれわれは特に意識していないわけである。もしそうだとすると、言語は人間にとって単なる手段であるどころか、人間を支配するものとして大変な力を持った存在であるということになる。そして、言語が違えばそれに応じてものの見方も変ってくるのであるから、外界の対象や出来事についてのわれわれの解釈はすべて相対的なものであり、その間に食い違いがあってもどれが正しいなどとは言えなくなるわけである。

このような考え方は、この種の問題を論じた書き物を残した二人のアメリカの言語学者・人類学者の名前をとって「サピア＝ウォーフの仮説」(the Sapir-Whorf hypothesis) と呼ばれることがある。あるいは、内容をとって「言語的相対論」(linguistic relativism) とか「言語的決定論」(linguistic determinism) というような呼び名が与えられることもある。この考え方をめぐっては、それを支持する立場と懐疑的な立場からさまざまの論議が交されて来た。

一番大きな問題点は、言語が文化を反映する、あるいは言語が思考様式を規定すると言っても、どの程度のものとしてそれを主張してよいかということである。まず言語と文化の関連についてみても、言語の意味構造のすべての部分がその言語の使い手の関心を正確に反映しているなどとはとても言えそうにない。例えば英語の put on という表現に対して、日本語には「着ル」、「カブル」、「ハク」、「ハメル」など細分化した表現があるが、このことがどのような文化的特徴を反映しているかと問われても十分明らかでない。あるいは、日本語では結婚した相手の女性には「ツマ」という名称があり、女性一般の「オンナ」とは区別される。英語の wife と woman にも同じ区別がある。しかし、ドイツ語やフランス語ではどちらの場合にも同じ語が使われる。例えばこのような言語的事実から出発して、ドイツ人やフランス人の女性観について何らかの結論を引き出そうとすれば、おそらく行き過ぎになるであろう。

日本語	英語	ドイツ語	フランス語
ツマ	wife	Frau	femme
オンナ	woman		

言語が必ずしも文化的関心の正確な反映でないのは、一つには言語というものの保守性ということがある。つまり、文化的な関心は流行などによって比較的短い期間で変化するということもありうる。しかし、言語の方は一つの社会的な慣習であるから、そう簡単に変るというわけには行かない。どうしても変化という点では文化的な変化に遅れがちである。それ故、現在の言語の意味構造が現在のその社会の人たちの関心なり見方を直接反映するというような前提で議論すると、いくらでもおかしいことが出てくる。例えば、日本語では同じ色合いでも場合によって「アオ」（「青イ草木」）と言ったり「ミドリ」（「緑ノ草木」）と言ったりする。しかし、だからと言って日本人が色覚異常であると主張するとすれば、明らかに滑稽である。（それでもまだ十九世紀には、ホメロスの『イリアス』などの色彩用語を調べて、古代ギリシャ人は色覚異常であったのではないかと

言うような人がいた。）あるいは、英語では〈てんとう虫〉のことをladybirdと言うから、英米人はこの虫のことを〈鳥〉と思っているとか、日本人は相変らず虫へんの「蛇」や「蛙」という文字を使っているから、これらの動物のことを〈虫〉と思っているなどと言うのももちろん見当違いである。ある場合には、かつてのその言語での分類体系の名残りであるということもある。例えば、「蛇」や「蛙」の虫へんは〈けもの〉——つまり毛の生えたもの——と対立する毛の生えていないものとしての分類を示すものであったと言われる。英語のladyがかつては〈粉を練ってパンを作る人〉の意味であったということはすでに触れた。culture〈文化〉の本来の意味は〈耕作〉であったというところから説き起こす議論はそれなりに興味をひかれるし、新しい視点からの見方を導入する可能性とも結びつくであろうが、だからと言って現在の〈文化〉の概念がその語源的な意味によって拘束されなくてはならない理由はないわけである。

　言語が文化を反映すると言う場合にせよ、あるいは思考を規定すると言う場合にせよ、それが絶対的なものでそこから抜け出せないというようなものではないことは確かである。もしそのような強い力を及ぼすものであるならば、異なる言語間での翻訳はもちろん、異なる言語の話し手の間では意志の疎通ですらまったく望めないことになる。これは実際の経験に照らしても事実ではない。しかし、それならば言語が文化、思考に対して及ぼす影響がどの程度のものであるかということになると、明確なことはまだ何も言えないというのが現状である。

4　語から語法・文法へ

言語と文化、言語と思考についての以上の議論は、必要以上の複雑さを避けるために、主に語という言語単位に関するものに限って来た。しかし、同じ問題は語法や文法、そしてその二つが統合された言い廻し、などといった言語単位についてもできるはずである。

例えば日本語の敬語を取りあげて考えてみよう。敬語的な表現の一つの特徴は、当事者に対してあまり直接的な言及をすることを避けるということである。敬語では、いくつかの特徴的な表現の仕方がこの効果を生み出すのに用いられている。例えば「ナル」という語の頻用（「出カケル」に対して「オ出カケニナル」など）がそうである。「ナル」という語の基本的な意味合いは、〈ある事態に至る〉ということである。そこでは結果として生じた事態が提示され、そこに至るまでの過程などの意味合いは表面に出て来ない。したがって、たとえ本人が自らの明確な意志に基づいて行なったような行為であっても、それが「ナル」として提示されると結果として起こったことのみに焦点が当てられるために、意志によって動いた本人は出来事全体の中に埋没させられたような形になる。同じ効果は、やはり敬語で頻用される「（ラ）レル」（「出カケル」に対して「出カケラレル」）にも認められる。この「（ラ）レル」は〈自発〉を表わす場合と説明されるが、この場合の〈自発〉というのは〈自らの意志に発した行為〉というようなことではなくて、〈おのずからそうなること〉というような意味合いである。したがって、これは基本的には「ナル」の意味合いと同じもので、言わば〈なるべきようにしてそうなる〉という感じである。ここでも、動作の主体は事態全体のうちに含め込まれてしまっているという意味合いが前面に押し出されている。同じ傾向は、やはり敬語によく見られる言い廻しである動作主を場所化して提示するという点にも現われている。例えば、「天皇陛下ガオ出カケニナリマシタ」に対して「天皇陛下ニハ、オ出カケニナリマシタ」と言うような場合である。〈出かける〉という動作の主体であるはずの〈天皇陛下〉が、後者の表現では一つの場所として提示され、その場所で〈出かける〉ということが起こったというような形になっている。

このように敬語には動作の主体を明示しないでおく傾向が認められるわけであるが、もっと広い観点から見ると、これは日本語一般の傾向として〈人間〉的な要因をあまり際立った形で示すことを避けるという傾向と同じ方向を指し示しているということが分かる。（〈人間〉が人間としてもっとも典型的な現われ方をするのは、それが〈動作主〉として働く時であるということにも前もって留意しておくとよいであろう。）しかも、後で見るように、この傾向は何も日本語特有のものでなく、世界の他の言語にもかなり一般的に見られることなのである。

例えば敬語に関して動作の主体である〈人間〉の場所化ということに触れたが、これと平行した現象は日常的な言葉での〈所有〉の表現にも見られる。英語の 'I have two sons' という表現は、

〈私〉が〈二人の子供〉を〈持つ〉という文字通り〈所有〉の表現であるが、これに対応する日本語の本来の自然な言い方は「私ニハ子供ガ二人イル」である。この表現はすぐ分かるように、「部屋ニハ窓ガ二ツアル」などという表現と構造的に同じである。後者は〈ある場所にある物が存在する〉という〈場所的な存在〉を表わす典型的な表現で、日本語ではこの表現形式が〈所有〉の表現にまで転用されているのである。つまり、〈私〉が〈部屋〉と対応するような場所であり、そこに〈二人の子供〉が存在しているという形である。そして英語の have のような典型的な〈所有〉の動詞でなく、「アル／イル」のような〈存在〉の動詞が用いられている。〈所有〉の表現におけるこのような違いは、世界の言語に広く見られる対立で、どちらの系統の動詞でもって表現するかによって、「HAVE 言語」(HAVE-language)と「BE 言語」(BE-language)という呼び名が与えられる。英語は「HAVE 言語」、日本語は「BE 言語」の例である。〈所有〉という概念が本来〈人間〉に関して成り立つものであるということを考えれば、〈所有〉独特の動詞を持ち、〈人間〉をその主語という目立つ位置に立てて表現する「HAVE 言語」の方が、〈人間〉的な要因を前面に押し出している言語であるということが言える。

「HAVE 言語」の場合のように〈人間〉が主語として表わされると、文の構成上中心的な単位としてこれはそう簡単に省略するというわけには行かない。しかし、「BE 言語」の場合のようにそれが場所として表わされるのならば、これは文の構成上必須の単位ではないから明示しないでおくということもずっと自然な形で可能になる。もちろん、それによって〈人間的〉な要因がさらに背景へ退くという結果が生じる。例えば、英語の'I have a temperature'に対する日本語の表現は「熱ガアル」である。この日本語の表現の方は「私ニハ熱ガアル」というように補なって考えることはできるが、ふつう用いられる場合は「私ニハ」の部分は出てこないし、またそれが省略されているというような感じはない。一方、英語でかりに非常にくだけた調子で話している時'Have a temperature'と言ったとしたら、これは明らかに省略的な言い方と感じられる。つまり、日本語では「熱ガアル」だけでごく自然な表現なのである。

'I have a headache'—「頭ガ痛イ」、'I have (a) stomachach'—「腹ガ痛イ」のような対応にも同じ傾向が見られるのは明らかであろう。この方向をさらに延長すると、'I want to drink water'—「水ガ飲ミタイ」というような場合に至る。後者の日本語の表現はよく「非論理的」だなどと言われるが、〈人間〉を主体的に表わさないという点ではごく自然である。逆に英語では、人間以外のものについてのはずのところに〈人間〉的な項を持ってくることがある。例えば、「売リ切レデス」—'We are sold out'、「モウスミマシタ」—'I'm finished'のような場合である。売り切れたのは商品、すんだのは仕事であるから、日本語の「水ガノミタイ」が非論理的なら、英語のこのような表現も非論理的であると言わなくてはならない。

日本語では英語なら主語として表現されるはずのものがしばしば表わされないということがあるが、これも動作する主体(あるいはそういう潜在能力を持つもの)としての〈人間〉を際立たせて表現しないという一般的な傾向と矛盾するものでないということが分かる。また、挨拶や会話の中では絶えず相手に対する呼びかけの言葉を入れる英語のような場合と、そうした呼びかけをむしろ意識的に避けようとする日本語の場合も、やはり同じ傾向の現われと考えてもよいであろう。〈妻〉に対して'honey'（本来は〈蜜（のように甘い人）〉）や'sweet'などという呼びかけを絶やしてはならないアメリカ英語と、そのような呼びかけ語を一見奇妙なほど欠いている日本語とは対照的である。さらにまた、'I put my hand into my pocket'のようにやたらに所有代名詞を用いたがる英語の場合（この点では、英語はドイツ語やフランス語より極端である）と、「手ヲポケットニ入レタ」ですむ日本語の場合を較べても、〈人間〉的な要因の表現で明らかな差が認められよう。

〈可能性〉や〈必要性〉を表わすのに英語では助動詞を使って'He may come'とか'He must go'というような言い方をするのはふつうである。この場合用いられる助動詞のmayやmustは、本来それぞれ〈……する能力がある〉、〈……する義務がある〉という意味で本動詞であったもので、その意味からも分かる通り、もともと〈人間〉を表わす項と結びつくはずの語である。一方、これに対する日本語の表現は「彼ハ来ルカモシレナイ」や「彼ハ行カナクテハナラナイ」などである。ところで、この「カモシレナイ」とか「ナクテハナラナイ」というのは、その意味から言って本来〈人間〉のような個体を表わす項と結びつくのではなくて、〈出来事〉や〈状態〉を全体として表わす項と結びつく性質のものである。したがって、結局は同じことを言っているにせよ、一方はある〈人間〉の〈義務〉として、他方はある〈事〉の〈必要性〉として捉えた提示の仕方になっており、ここでも〈人間〉的な項をどの程度前面に押し出すかに関して明らかな差が認められる。英語の場合は'He may come'に対して'It is possible that he comes'、'He must go'に対して'It is necessary that he (should) go'のような両方の型の言い方が選択できるが、日本語の方は〈非人間〉的な言い方があるだけである。それに、日本語の場合は「彼ハ」の部分を省略することもできるわけである。

英語の〈人間〉中心的な言い方は、場合によっては本来〈非人間〉的な出来事や状態の表現の場合にも適用されることがある。例えば、「彼ハ病気ラシイ」はIt seems that he is illという〈状態〉中心に表現できる他に、〈人間〉を焦点化してHe seems to be illとも表わせる。〈らしい〉ということは本来ある〈状態〉や〈出来事〉について言えることであるから、この後者の英語の表現は「非論理的」でもあるわけである。

同じ傾向を示唆する例はこの他にもまだいろいろ挙げることはできるが、今までの例からだけでも〈人間〉的な項を言語表現の中でどれぐらい際立たせるかに関して英語と日本語で対照的な違いのあることは明らかであろう。このような違いは、実は英語と日本語の間に限ったものではなく、広く人間の言語に見られる対照的な類型と言ってもよいもので、〈動作主＋動作〉中心の言語と〈出来事〉中心の言語、〈能動的〉な言語と〈受動的〉な言語、〈人称的〉な言語と〈非人称的〉な言語、それに筆者自身の呼び方を加えるならば、〈する〉的な言語（DO-language）と〈なる〉的な言語（BECOME-language）、というような対立として捉えられて来たものである。

英語はそれと同系の他のヨーロッパの言語と較べても、〈人間〉的な項を際立たせる型の言語としていちばん極端な発達をとげているように思われる。しかし、大変興味あることは、英語にせよ、またそれと同系の広く「印欧語」と呼ばれる言語一般についてにせよ、時代を古く遡るにつれて〈非人間〉的な型の表現をとる傾向が著しくなるということである。これはある意味では予想されないことではない。自然の中に置かれたごく初期の頃の人間を想像してみるならば、それは自分たちの力を越えた自然の力やさらにまた超自然的な力によって左右されている人間の姿に違いない。それが後になると、自らの力で自然を征服して行く人間の姿に変るのである。それでは、そのような人間としての自己の存在についての自覚が言語の表現様式にもある種の変化を導入して来たのではないであろうか。これは、一つの仮説として大変魅力的であるように思われる。

さらに、言語以外の分野にも、この言語に見られる類型的な対立と平行した対立がいくつか見られる。例えば、〈人間中心的〉な哲学と〈自然中心的〉な哲学、〈唯一神的〉な宗教と〈汎神的〉な宗教、〈分析的〉な思考と〈綜合ないし折衷的〉な思考、〈個人主義的〉な社会と〈全体主義的〉な社会、〈積極的〉な行動様式と〈消極的〉な行動様式、などといった対立である。これらの対立を通して、確かにある種の平行したものが直観的には感じられる。しかし、そこに感じられる相関関係が真に有意義なものであるかどうかは、まだそう簡単には結論の下せない問題なのである。

改版あとがき

本書で記述の対象となっているのは、言語学で「意味論」(semantics) と呼ばれる分野に関する事項です。実は、この「意味論」は、二十世紀を通して極端ともいえるような激しい変動を経て来た分野でした。世界を巻き込んでの戦争がその四〇年代に漸《ようや》く終わりを告げた時、まず主流に立ったのはアメリカの「構造言語学」(structural linguistics) でした。そこで強調されたのは、言語についての研究においても「科学」(science) と呼ぶに値するような「客観性」(objectivity) が担保されているべきだという主張、そしてこれは、特に「意味」のような「主観的」(subjective) に流れやすいものの扱いにおいてはそうである、という主張でした。

例えば、'water' という語の意味は 'H$_2$O' と定義すべきではないか、'love' のような抽象的な意味の語の場合も、そのような状況にいる人間に認められる特殊なホルモンの分泌を確認してそれに言及するという形での定義が必要ではないか、などといった議論がまじめになされるといった有様でした。(現在の私たちにとっては分かりにくいのですが、このような事情にあったのは、「言語学」という「若い」研究分野が大学での一つの独立した学科として承認されるためには、その科学性が広く承認されることが必要であったためと言われています。)

私がフルブライト奨学金を得てアメリカの大学院に留学することになったのは一九六五年のことで、行きたい大学は自分で決めて志願するということでした。当時、東京の赤坂見附にあったフルブライト・プログラムの日本の事務局（在日合衆国教育委員会）にはアメリカ全土の大学の便覧があると聞いたので、出かけて行って調べてみることにしました。アルファベット順に並んでいる大学名の最初から一つずつ、'semantics' という語が題目名に入った授業のある大学がないかと探し始めたのですが、どこにも見つかりません。最後の最後という思いで開いたのがYale University の便覧でした。そこにはルーロン・ウェルズ（Rulon Wells）教授担当「意味論と哲学」（Semantics and Philosophy）という題目名がありました。ためらうことなくこの大学に志願することにしました。Yale University（イェール大学）というのがどのような大学か、それがどこに所在しているのかも知らずにいた時期のことでした。

後になって初めて知ったのですが、イェール大学大学院の 'Department of Linguistics'（言語学科）はその頃 'Department of Anthropology'（文化人類学科）から独立して間もない存在でありながら、同時にアメリカ構造言語学の中心地と言える地位にあり、アメリカ言語学会の会長バーナード・ブロック（Bernard Bloch）教授が学科長として君臨しているところでした。'Ph.D. candidate'（博士候補生）として受け入れられるに際しては、学科長であるブロック教授による個人面接がありました。まず書棚から無作為にドイツ語、次にフランス語の言語学の専門書が取り出され、開かれた頁の一節を音読、そして英語に訳すというようなことが求められ、最後に「何をやりたいのか」と問われたので、反射的に 'Semantics !' と答えてしまいましたが、特にお咎めの言葉はありませんでした。

ウェルズ教授の「意味論と哲学」の授業は、言語についての哲学的な思索を淡々とモノローグのように話すという授業でした。しかし、私の在学二年目になってカリフォルニアからシドニー・ラム（Sydney Lamb）教授が、（多分、当時ＭＩＴ〔マサチューセッツ工科大学〕を中心として目覚ましい展開を見せ始めていた「変形文法」〔transformational grammar〕のノーム・チョムスキー〔Noam Chomsky〕への対抗者として、）「成層文法」（stratificational grammar）理論を携えてイェール大学大学院の教授陣に加わりました。この理論には当初から'semology'という名称で意味部門が設定されているということで指導教官を変更することになり、私は、最終的には'The Semological Structure of the English Verbs of Motion: A Stratificational Approach'（英語の運動を表す動詞の意味構造――成層文法による意味論）という、「成層文法」をモデルとした数少ない博士論文（Ph.D. dissertations）の一つをまとめあげるということになりました。（ただ、ラムのモデルはあまりにも電気器具の配線図のような図式による記述をするもので、私自身の本来の関心に合うようなものではありませんでした。）

実は、ヨーロッパの方では、これを数年も遡る時期に既に、私自身の関心に近い形の「意味論」の研究が出ていたのです。洋書の購入がそれまでより容易になった初期の頃手に入れたのが、スティーブン・ウルマン（Stephen Ullmann）の *Semantics: An Introduction to the Science of Meaning*（1962）（『意味論――意味の科学入門』）と題された書物です。この書物はイェール大学留学以前に既に入手し、著者のウルマン教授とは何回かの文通を交わしていました。そこで、イェールでの二年間の勉学を終えて帰国することになった時、まずアメリカからアイスランドを経由してブリテン島に渡り、ローマ皇帝ハドリアヌスが築かせたという壁の東端に位置するニューカッスルで、夏の休暇で滞在していたウルマン教授にお目にかかることになりました。帰国後にUllmann（1962）の翻訳に着手し、一九六九年にはこれが『言語と意味』という題で大修館書店より刊行されました。大修館書店の『月刊言語』の刊行とも相まって、この前後から海外の言語学の研究書の翻訳がつぎつぎと刊行されるようになり、「言語学」、そして「意味論」といった用語も随分と身近に感じられるようになりました。

そのような雰囲気の中で、本書の旧版『意味の世界――現代言語学から視る』（一九七八）において私が意図したのは、Ullmann（1962）の分かり易い理論的な枠組みを基本的に尊重しつつ、具体例を日本語で挙げてみる、そして「意味論」をもっと身近に感じてもらえるようにするということでした。ウルマン教授は、ハンガリー出身でオックスフォード大学教授になったロマンス語学が専門の学者で、当然その著書の中には、英語と並んでフランス語の具体例が豊富に提供されていました。しかし、言語について用法の妥当性を判断するとなると、読者本人がその言語を母語とするか否かによって、その判断にほとんど決定的と言ってよい差が出てくるものです。また、母語話者であれば、問題となっている点についての他の例もすぐ念頭に浮かんでくるものでしょう。そのような意図で執筆した『意味の世界』が、日本語を学習する中国語の母語話者にとっても重宝がられていると後に耳にしたこともあり、そのような利用のされ方は、著者にとっても嬉しいことでした。

「〈言語〉と〈(それによって担われる)意味〉」という二項関係的な捉え方は、その後、「〈言語〉によって〈意味〉を表わすという営みを主体的に営む〈話者〉」という三項関係で捉えるという認識にとって代わられ、最終的には、この「話者」を「〈認知〉(cognition: 意味を読み取る営み)を主体的に行う存在」と捉えるまでになって、現在の「認知意味論」(cognitive semantics)の段階に至ります。その過程をお話しする余裕は、残念ながらここにはありません。

最後に、言語についての意識は現在では、かつてとは較べものにならないくらい高まっているはずです。例えば、反意語の説明の中でなされているような「〈男〉でなければ〈女〉」、「〈女〉でなければ〈男〉」という断定は、性差というものについての現時点の認識からするとあきらかに不適切です。しかし、だからといって「おとこ」や「おんな」という語が退場を迫られるというところにまでは及んでいません。「人工言語」(artificial language)を創成するという場合ならばともかく、「自然言語」(natural language)の場合は、時間の変遷の中で人間によって使われるという制約に対応できるだけの柔軟さとしたたかさとが必要とされるのだ——こういう認識で受けとめてみて下さい。

二〇二四年九月

池上嘉彦

本書はＮＨＫブックス３３０『意味の世界――現代言語学から視る』を底本とし、読みやすく版を改めて刊行するものです。刊行にあたって最低限の表記の調整を行い、新たに改版あとがきを付しました。（編集部）

池上嘉彦（いけがみ・よしひこ）
東京大学名誉教授、昭和女子大学名誉教授。1934年、京都府生まれ。東京大学で英語英文学（B.A., M.A.）、イェール大学大学院で言語学（M.Phil., Ph.D.）を専攻。インディアナ大学、ミュンヘン大学、ベルリン自由大学、チュービンゲン大学、北京日本学研究センターなどで客員教授、ハンブルク大学、ロンドン大学などで客員研究員。日本認知言語学会名誉会長、日本記号学会名誉会員。
著書に『英詩の文法』（研究社）、『意味論』『「する」と「なる」の言語学』（ともに大修館書店）、『ことばの詩学』（岩波書店）、『詩学と文化記号論』（講談社）、『記号論への招待』（岩波書店）、『〈英文法〉を考える』『日本語と日本語論』（ともに筑摩書房）、『自然と文化の記号論』（放送大学教育振興会）、『英語の感覚・日本語の感覚』（NHKブックス）、『ふしぎなことば　ことばのふしぎ』（筑摩書房）など。学術書翻訳、論文多数。

NHK *BOOKS* 1290

意味の世界［改版］
現代言語学から視る

1978年11月20日　第1刷発行
2024年10月25日　改版第1刷発行

著　者　池上嘉彦
発行者　江口貴之
発行所　NHK出版
東京都渋谷区宇田川町10-3　郵便番号150-0042
電話 0570-009-321（問い合わせ）　0570-000-321（注文）
ホームページ　https://www.nhk-book.co.jp
装幀者　水戸部 功
印　刷　三秀舎・近代美術
製　本　三森製本所

Printed in Japan　ISBN978-4-14-091290-4 C1380

NHK BOOKS

＊言語

日本語の特質　金田一春彦
言語を生みだす本能（上）（下）　スティーブン・ピンカー
思考する言語―「ことばの意味」から人間性に迫る―（上）（中）（下）　スティーブン・ピンカー
英語の感覚・日本語の感覚―〈ことばの意味〉のしくみ―　池上嘉彦
英語の発想・日本語の発想　外山滋比古

＊文学・古典

ドストエフスキイ―その生涯と作品―　埴谷雄高
ドストエフスキー　父殺しの文学（上）（下）　亀山郁夫
伝える！　作文の練習問題　野内良三
宮崎駿論―神々と子どもたちの物語―　杉田俊介
万葉集―時代と作品―　木俣　修
西行の風景　桑子敏雄
深読みジェイン・オースティン―恋愛心理を解剖する―　廣野由美子
「古今和歌集」の創造力　鈴木宏子
最新版　論文の教室―レポートから卒論まで―　戸田山和久
「新しい時代」の文学論―夏目漱石、大江健三郎、そして3・11後へ―　奥　憲介
「和歌所」の鎌倉時代―勅撰集はいかに編纂され、なぜ続いたか―　小川剛生

※在庫品切れの際はご容赦下さい。